U0111733

大展好書　好書大展
品嘗好書　冠群可期

大展好書　好書大展
品嘗好書　冠群可期

京東程式八卦掌

奎恩鳳／著

大展出版社有限公司

八卦掌創始人董海川

程廷華

程有龍（程廷華長子）

馬德山（程有龍弟子）

司珍（馬德山弟子）

司珍（左）與弟子奎恩鳳

司珍指導女兒練劍

司珍演練雙鈎

司珍在田間練拳

李子鳴、司珍、王其昌（從左至右）指定董海川遷墓地點

左起：康戈武、司珍、奎恩鳳

司珍爲弟子奎恩鳳開山門儀式

奎恩鳳先生收徒儀式

震卦裔武學社牌匾

序　一

金盞地區「繼震卦武學社」成立於 1958 年，程式八卦掌第三代傳人馬德山將其藝傳於樓梓莊鄉司珍、司福和楊九華等程式游身八卦掌第四代傳人。後馬德山身患重病，指定其大弟子司珍為樓梓莊鄉程式八卦掌的繼承人，為其「開山門」，取館名為「繼震卦武學社」，准其開館授徒。

藉助樓梓莊人素來的尚武之風，司珍遂將程式八卦掌在北京樓梓莊地界發揚光大。司珍先後收有入室弟子奎恩鳳、郭鳳山、奎恩林、蔡玉亭、孫鐵錘、邢連海等人，他們盡得其所學，傳授學生二百餘人，將這一脈八卦掌傳至北京、天津、河北、河南、安徽、四川、遼寧、山東、江蘇、福建、廣西、廣東等地，進一步擴大了程式八卦掌的社會影響力。

奎恩鳳師叔得其師司珍真傳，技法精深，涉獵廣泛，精通八卦掌、形意拳等，武學造詣不斷精進提升。他做事穩健，為人寬厚，德才兼備，在同門師兄弟間深得敬重。

2008 年，司珍為其舉辦「開山門」儀式，准其正式受徒。此後，奎恩鳳師叔將其所學廣泛授予傳統武術愛好者和社區居民，在傳授武藝的同時積極發揚中華武

術「以武養德、以武靜心、以武強身」的精神理念，講究武德為先，技法次之，透過常年堅持開展義務教學，增強了普通群眾對這門武術流派的認知和理解，讓越來越多的人喜歡上傳統武術，把武術當做個人修身養性、強身健體的一種重要方式和選擇，從而使程式八卦掌得到了更好的傳承和發展。

程式八卦掌研習館館長　司馬崢

司馬崢

序 二

練出來的功夫　傳下來的規矩

　　我認識奎師是因為要拍一部電影，我在劇中扮演清末民初時期的八卦掌大師程廷華。我雖然從小習武，但對於清末時期程派八卦掌是什麼樣子並沒有太多瞭解。為了真實地反映歷史人物，我開始了尋根和練習，朋友介紹我見了程式八卦掌第五代傳人奎恩鳳師傅。

　　奎師待人熱情、誠懇，沒有多餘的話，親自為我做示範，講要領。他練的程式八卦掌樸實無華，一招一式交代得清清楚楚，一絲不苟，他的老師怎樣教他，他就怎樣教我，一點也不保守。與奎師學練八卦掌的這段時間，我感受最深的是：傳的是規矩，練的是功夫。

　　奎師是我見過為數不多的練家子。他少年時家住樓梓莊程廷華先師的故居附近，師從司珍（程廷華之子程有龍傳馬德山一系）。他自小拜師，學藝至今，每日練功從未間斷，這一練就是一輩子。功夫是時間的積累，是練出來的功夫，這在奎師身上得到了驗證。

　　每天早晨 8 點到 10 點，他一準兒在小樹林練功，不論寒暑，每天必要圍著樹走一個多鐘頭的八卦步，把樹周圍的地面都走出一道圓圈溝印；一個人抱不過來的

粗樹上面，樹皮也被奎師用手臂打磨得發亮。

奎師說，練功和種莊稼一樣，你埋下種子不可能一下子就長出糧食來，大自然的規律是春生夏長秋收冬藏，習武也是遵循著大自然的規律，在不同的季節，練習的內容重點也有不同。例如冬天練骨，從入冬到開春，他每天手臂磕樹一千下，粗壯的大樹普通人無論如何磕碰，大樹紋絲不動，而奎師貌似輕輕一碰，粗壯的大樹便發出沉悶的砰砰聲且隨之震動，彷彿是在與奎師回應。年近70歲的奎師紅光滿面，聲如洪鐘，身體倍兒棒，什麼糖尿病、身體缺鈣等毛病在奎師身上一概沒有，這是他習武多年的自然收穫。

透過和奎師練習八卦掌，我覺得走八卦步對我們每個人的日常生活都有現實意義。走路看似簡單，但要按照正確的方法走，不但能走出健康，還能走出功夫，其中蘊藏著很大學問。

常言道：練武不練功，到老一場空。選擇習武練功不僅是自我修煉，也是一種生活方式。一件事，你喜歡了，就堅持到底做下去。「念念不忘，必有迴響」。

武術在新時代得到了極大發展，特別是表演武術，從服裝、音樂、動作編排等方面，已經從民族傳統技藝轉變為現代世界性體育運動。隨著全國乃至世界武術比賽高、難、美、新的規則要求，武術練習的內容和目的也在悄然發生著變化。在變化中，我們習武之人更需要不斷反思：武術是什麼？武術練什麼？

　　令人讚賞的是，奎師沒有隨波逐流，沒有人云亦云，而是甘於寂寞地堅守傳承，堅守師訓，堅守規矩。他的堅持讓我領略到了八卦掌原生態的技術與理法，領悟到了傳承過程最重要的「規矩」，這「規矩」裏包含著前人的經驗總結、技術原理、原則法度和做人的道理。有規矩才可能脫規矩，從必然走向自由。

　　奎師的師父司珍先生說過：「學先人之藝，練自己之身」。借此言與傳統武術習練者共勉，向程式八卦掌前輩祖師及傳承人奎恩鳳師傅致敬！

徐向東

奎恩鳳（左）指導徐向東（右）練習挑掌

自 序

宇宙氣化，天地陰陽。八卦掌稟無極混元一氣，陰陽結合相反相成為其道，道法自然。順乎四時八節氣候變化，春生夏長秋收冬藏，冬練三九強於骨，夏練三伏強於筋，八卦掌走穿撐翻，扭轉連環，縱橫神意氣力。規矩為法，招為術，本門拳法按照傳承，需恪守三頂三空三圓之規矩，習練體系為站樁、行樁、陰陽八卦掌、進退連環掌、定位單人雙人操手、打樁、拍打沙袋等。

練習八卦掌要掌握一招一式，剛柔之力，陰陽圓撐，勢勢不離中正虛實，出其力還要明拳理，明拳理出巧力，身體節節要鬆開，周身氣血要通暢，中盤下腿腰，下盤平膝胯。

程廷華先師居住在京東樓梓莊村，傳長子程有龍，再傳馬德山，再傳司珍，司珍老師再傳於我，並立我為開山門弟子。此為樓梓莊程式八卦傳承一脈。本人住將台地區大陳各莊，距離老師家 20 多里路，經常到老師家中受教習練，一直堅持 40 餘年。經老師口傳心授，受益匪淺。我們師徒二人不僅教學拳藝，兩家在生活上也相互幫襯，直到老師百年，送至入土為安。

剛練拳時，頭三年基本懵著練，之後有所體悟，愈練愈興趣盎然。年輕時幹活，也將練拳融入其中，裝磚

的時候，用磚夾子夾磚，一手四塊二十斤，用八卦的身法跨步扭轉腰胯膝，一天裝卸五千塊磚。在秧畦分苗幹農活時，眾人挑水，我一人從井裏打轆轤供水，當時腳踩虛實步，塌腰，雙手提水腰背圓撐，就這麼打一上午水，井幾乎都要打乾。

八卦掌為實在功夫，不尚玄虛空談，要堅持練習，形成規律。用意不用力，渾身放鬆，抖彈崩炸。身如古柏，氣行百孔，前為陰後為陽，前為任脈，要貫腹暢胸氣沉丹田，後為督脈，溜臀提肛後塌腰緊背，氣返上通百會。春風氣通於肝，養肝。夏火氣通於心，養心。長夏濕氣通於脾，養脾。秋燥氣通於肺，養肺。冬寒氣通於腎，養腎。古語有云：天有三寶日月星，地有三寶水火風，人有三寶精氣神。天道兆於斗轉星移，地力現於樹木植被，人體應於毛髮表皮。習練八卦掌需與天地陰陽氣候相結合，順其自然，方得養生之妙，其與太極有何異乎？引用兩句《十三總勢》歌訣：「詳推用意終何在，益壽延年不老春。」

古語又云：「識得大易元機理，樹木原來分陰陽。無形顯現有形上，自然妙理感悟強。」八卦掌常轉樹行功，亦當與陰陽時辰之變化相符。正所謂合天時，接地氣，借山水樹木之靈，滋養吾之身心。學者依拳理實修，刻苦用功，日積月累，自能得其環中以應無窮，有夙慧者，形神俱妙，天人合一之境亦可期之。

奎恩鳳

目　錄

八卦掌門規及傳徒要求

二十四戒

1. 不損人利己；

2. 不逞自能；

3. 不說話瞪眼；

4. 不指手畫腳；

5. 不無大不說；

6. 不藐視他人；

7. 不姦淫婦女；

8. 不欺壓良善；

9. 不劫奪財物；

10. 不殘害世人；

11. 不胡作非為；

12. 不違拗師長；

13. 不結交匪人惡人；

14. 不開口罵人；

15. 不公報私仇；

16. 不口造妄言；

17. 仁義待人；

18. 為國盡忠；

19. 對雙親盡孝；

20. 對友要信；

21. 對師要恭；

22. 見義勇為；

23. 當仁不讓；

24. 不染陋習。

受業弟子要謹記以上二十四戒，如有違犯者輕者批評教育，重者逐出師門。

授傳宗旨

習練八卦掌者要以忠為本，以仁義待人，尚武重道，尚德才兼備之人，有以上品德才能傾囊相授。講道德，講仁義，講禮法，講信任，端品質，以上俱備方為才行之開端也。

八種人不受教：不養雙親人，違拗師表人，姦淫婦女人，欺壓良善人，劫奪偷盜人，匪人惡人，賭博之人，吸毒之人。

程式八卦掌按字排輩法

海亨文武尚，社會永康寧。

程式八卦掌傳承與傳人

程式八卦掌（樓梓莊支系）傳承

八卦掌，係我國三大內家拳之一，自董海川祖師（1797—1882）授藝以來，已有二百餘年歷史，這種以走轉為運動形式的技藝已傳播至海外數十個國家，並被列為國家級非物質文化遺產。

董海川祖師一生授徒眾多，據萬安公墓董海川墓誌銘所載有 69 人，著名的有程廷華、尹福、樊志勇、梁振蒲、劉鳳春、史計棟、馬維祺、劉寶珍等。

程式八卦掌是八卦掌諸多流派中最有影響、流傳最廣的一支，係八卦掌始祖董海川高徒程廷華所創。程廷華（1848—1900），字應芳，河北省深縣（今深州市）程家村

八卦掌創始人董海川

人。自幼入京學徒，後在崇文門（哈德門）外花市上四條，以製鏡為業，江湖人稱「眼鏡程」。程廷華投師董公門下，得董師親傳，深得轉掌精髓，且功力深厚。曾代師傳藝輔助同門後學多年，並於崇文門外設場執教，廣授門徒，對後世影響巨大。

「程之八卦，武林聲名籍甚，凡言八卦掌，幾無不知『眼鏡程』也。」（徐哲東《國

技論略》) 當時武林中慕名與程較技者甚多,但無不敗在他的手下,因而「眼鏡程」名冠京師。他將從小習得的摔跤等技藝有機地融入八卦掌中,根據自己的實踐和感悟不斷完善,逐步形成了風格獨特的程派八卦掌。

程廷華在開眼鏡店期間,經弟子楊明山引薦,將家安置在京東樓梓莊,同時將八卦掌這一傳統國術帶至樓梓莊。程師多名弟子在樓梓莊有習藝經歷。

清光緒二十六年(西元 1900 年),因抗擊八國聯軍,程廷華一人斃敵數人,後終因寡不敵眾被八國聯軍槍殺。程廷華遇難後,其遺體由其弟程殿華、長子程有龍和其他武林志士偷運出城,帶回樓梓莊家中。因八國聯軍追查,故將遺體草草安葬,具體葬在何處,至今已無從考證。

程廷華遇難後,程殿華攜侄兒程有信回至河北祖籍,數年後,程有信回到北京樓梓莊定居,並娶本村黃氏為妻,育有兩兒兩女,長子程得喜,次子程得亮,至今在樓梓莊已繁衍到第六代,程有信長孫程鐵林目前仍在樓梓莊務農。

程殿華離京時把程有龍託付給程廷華高徒楊明山,二人在樓梓莊定居,先後在樓梓莊崇興寺開班傳授八卦掌、形意拳等,四鄉八里從學者眾多,程有龍弟子何寬、何廣、何均、馬德山、常文山等為功夫最為著名。程有龍晚年應邀至天津開館授徒。民國十七年十一月程有龍病故於天津淨業庵,後由馬德山主持將其遺體運回京東樓梓莊安葬於小壩河南達子地,墓地經歷「文革」之後,已蕩然無存。

新中國成立後,馬德山在本村傳授八卦掌,其掌門弟子司珍繼承了馬老師衣鉢,隨馬老師身邊二十餘載練功不輟。

馬老師於 1958 年親自指定司珍為東壩樓梓莊等地區程式八卦掌代表性傳承人，並開山門，取名「繼震卦武學社」。

程式八卦掌樓梓莊一脈傳承譜

董海川

程廷華

程有龍

馬德山

司　珍

姜懷賢	姜　仲	孫鐵錘	司國棟	奎恩鳳	郭鳳山
蔡玉亭	奎恩林	邢連海	姜懷軍	魯孝明	劉軍華
王志民	司國梁	蘇啟和	奎恩祥	程方友	

奎恩鳳弟子：

孫金茹	金建立	奎永江	田啟建	蔡　軍	劉海全
夏月海	張海濱	劉鐵柱	崔月燕	劉學偉	宋春梅
劉笑宇	奎永剛	賈德平	陳萬喜	趙松喜	周　瞳
黃志宇	楊　毅	劉豔林	徐向東		

蘇啟和弟子： 張定江

司國棟弟子：

司馬崢	李元龍	李樹利	霍起剛	孫振華	張浩然

李保華　王素玲　司紅軍　張學軍　郭寶順　黃月平

王　偉　嚴麗娟　張　勇

郭鳳山弟子：

西銘洋　張景超　張佳偉　王　浩　魏雲上　王天陽

鄭夢宇　鄭京宇　齊士豪　齊文博　張煥熙　陸博辰

程式傳承人小記

1. 程廷華先生小記

程氏八卦掌創始人程廷華，字應芳。生於清道光二十八年（1848），卒於 1900 年 8 月 14 日。河北省深縣程家村人。

程廷華自幼入京學徒，藝成後於北京崇文門外花市上四條火神廟旁開一眼鏡鋪，以經營眼鏡為業，江湖人稱「眼鏡程」。

程廷華

先生弱冠時善摔跤。28 歲投身拜師於董海川先生門下，後不僅深得轉掌精髓，且功力深厚。曾代師傳藝輔助同門後學多年，並於崇文門外設場執教，廣授門徒，對後世影響巨大。「程之八卦，武林聲名籍甚，凡言八卦掌，幾無不知『眼鏡程』也。」（徐哲東《國技論略》）當時武林中慕名與程較技者甚多，但無不敗在他的手下，因而「眼鏡程」名冠京師。

程有龍

2. 程有龍先生小記

程有龍（1872—1928），字
海亭，河北省深縣程家村人，程
廷華之長子。

自幼與父程廷華習武，程廷
華去世後，程有龍隨楊明山至京
東樓梓莊定居並在崇興寺內辦班
授徒，四鄉八里喜武之人紛至。
其知名弟子有何寬、何廣、何
均、馬德山、常文山等。

晚年，程有龍應邀到天津開館授徒，在天津的著名弟子
有孫錫堃等。民國十七年十一月，程有龍病故於天津淨業
庵，由其弟子馬德山主持將遺體運回京東樓梓莊並安葬於本
莊小壩河南達子地。

程有龍精熟八卦掌拳械，尤善三才劍、純陽劍、六路
戟，並潛心研究太極拳多年，深得太極門精髓。

壩河南側程有龍墓地（圖中右側河堤路南）

程有龍埋葬地

3. 馬德山先生小記

馬德山（1890—1958），字子豪，號如龍，京東樓梓莊人。

自幼習武，弱冠後拜師於程有龍門下習練程式八卦掌、戰身槍、春秋刀、六路戟、武聖刀、虎頭雙鈎等器械。藝成後，曾在北京前板胡同興隆寺內辦「坎離卦健身武學社」。

馬德山

1944年，用八卦掌散手教訓京西門頭溝開採建築石材日本工頭小野。20世紀40年代，馬德山與常立川在朝陽門一帶懲治當地惡霸，被當時的街頭藝人編成評書「二英雄大

鬧韓家台」。

馬德山後追隨恩師程有龍到天津開設武館，在老師身旁多年，盡得程有龍真傳。民國十七年，程有龍去世，馬德山將程有龍遺體運回京東樓梓莊安葬。

新中國成立後，馬德山回村務農，並在本村教授八卦掌，從學者眾多，知名弟子有司珍、張炳忠、楊久華、司福等人。

司珍

4. 司珍先生小記

司珍（1925—2009），字尚杰，中國武術七段。1925 年出生於京東樓梓莊鄉。

先生自幼喜愛武術，在其 9 歲時，拜八卦掌名家馬德山先生為師，學習程式八卦掌、形意拳、太極拳及教門彈腿，是程式八卦掌程有龍一脈技術體系的代表人物。

在馬德山先生身患重病期間，為了使程式八卦掌能夠在樓梓莊鄉得以繼承和發展，司珍被馬老指定為樓梓莊鄉程式八卦掌的繼承人，並為其開山門，取館名為「繼震卦武學社」。

為繼承馬老的遺志，司珍先生先後傳授學生二百餘人，他們分別來自北京、天津、河北、河南、安徽、四川、遼寧、山東、江蘇、福建、廣西、廣東等地。

5. 奎恩鳳先生小記

奎恩鳳，字社浩，1952 年生
於北京。1968 年 9 月 27 日投師
程式八卦掌主要傳人司珍先生，
習練八卦掌、形意拳、彈腿、
三十六天罡手等拳械，為司珍老
師的開山門弟子、震卦裔武學社
社長、程式八卦掌第五代重要傳
人。

奎恩鳳

現為中國武術協會會員、八卦掌研究會委員，組建將台
地區武術協會，任將台地區武術協會會長，組建震卦裔八卦
掌輔導站，在將臺地區掀起習武健身高潮。奎恩鳳先生從事
木工行業，手藝精湛，1993 年 12 月 25 日啟用的北京武協
八卦掌研究會牌匾即為其親手所
製，沿用至今。

奎恩鳳拳架工整、淳厚、飽
滿，原汁原味地保留了程有龍一
系的八卦掌風格。

6. 司國棟先生小記

司國棟，1951 年出生於北
京朝陽區樓梓莊村，從兒少起隨
父親司珍先生習練燕青拳、八極
拳、形意拳、程式八卦掌，及多

司國棟

種單、雙、長、短器械,特別擅長春秋刀、八卦轉刀、虎頭雙鈎等。

1981 年,司國棟參與了董海川師祖塑像捐資活動。多次參加各種傳統武術比賽,取得優異成績。現係中國武術協會會員,北京市武協八卦掌研究會副會長,八卦掌高級教練,京東程式八卦掌研習館館長,朝陽區區級非物質文化遺產項目程式八卦掌代表性傳承人,朝陽區常營鄉連心園武術隊、將府家園武術隊總教練,京東八卦掌研習館輔導站站長。多年來致力於傳授八卦掌、形意拳等傳統武術。

7. 郭鳳山先生小記

郭鳳山

郭鳳山,1965 年 4 月生於北京通州區宋莊鎮寨辛莊村。1980 年正式拜師於程式八卦掌傳人司珍、尚杰老師,習練程式八卦掌之老八掌、功力掌、六十四手、形意拳之五行拳、五行連環拳、八式拳、十二行及春秋刀、武聖刀、虎頭鈎等拳術器械。現為國家二級武術裁判員。

1999 年 2 月被評為中國武術四段。現係北京市武協八卦掌研究會會員。自習武至今已達 30 餘年,授徒 40 餘人,其中西禹豪、西銘洋、高研旭、張景超、張佳偉、王浩、李宇航、魏雲上 8 人為八卦掌研究會會員。

程式八卦掌訓練體系

風格特點

程式八卦掌的特點與董海川先師原始構架接近，表現為：屈腿蹚泥，橫開直入，擰翻走轉，舒展穩健，勁力沉實，剛柔相濟。善掰扣步，以推託帶領搬扣劈進見長，螺旋勁層出不窮，擰裹勁變化萬千。

以行椿蹚泥及內功法為入門基礎，以擰翻走轉為基本運動形式，以掌法的變化為主要技擊手段；內外兼修，強調身心合練，身捷步靈如蛟龍遊空，擰翻走轉掌法變化萬千，出手成招，剛柔相濟，踢打摔拿融為一體，擰裹鑽翻，避正打斜，圍圓打點，循循相生，無窮無盡。八卦掌技法以實戰為主，同時強健身體，在祛病延年上有獨特的功效。

程式京東支系老八掌順序與其他支系不同，為蛇、單、順、雙、繞、背、轉、磨，以蛇形掌開頭，按順序至磨身掌結束，換式使用推窗望月。

根據定架子、活架子、變架子步驟，以上盤、中盤、下盤三種練法練習，先練腿，次練掌，以拳腳為主、器械為輔。

拳法內容

基礎功法：揉身十三式、站椿、行椿、功力掌。

掌法：老八掌、進退連環掌、陰陽八卦掌、六十四手、九宮掌、三十六天罡手、八打掌、定位八掌等。

器械：武聖刀、八卦掌轉刀、轉劍、八卦戰身槍、七星杆、子午鴛鴦鉞、春秋刀、純陽劍、六路戟等。

對練功法：揉手、單操、雙人對練三部分（如六十四手單操法、三十六天罡手、七十二暗腿等）。

基本手型

八卦掌以掌法為主，變化萬端，運用無窮，主要以砍、片、旋、推、托、帶、領、搬、扣、劈、進、穿、撞、盼、截、攔、掛、搠、抽等方式技擊。以下介紹幾種典型手型。

1.龍爪掌

坐腕，拇指橫撐，其餘四指上豎，食指擰勁，中指頂勁，小指微內收旋勁，掌心涵空，拇指與小指、中指成立體三角形。（圖1-1）

2.仰　掌

仰掌，手成龍爪掌，手心向上。（圖1-2）

圖1-1

圖1-2

3.俯　掌

手成龍爪掌，手心向下。（圖1-3）

【要點】手在外形上應注意上三節，要沉肩，墜肘，虎

圖1-3

圖1-4

口撐圓，立掌，坐腕，手心涵，三節內含一勁，又要放鬆舒展而自然。

4. 挑 掌

肩鬆肘墜，伸手與眉齊，虎口圓，手掌微側立，十指為挑。（圖1-4）

5. 掖 掌

肩鬆，腰胯鬆，手掌朝外，用掌根下掖。（圖1-5）

6. 托 掌

掌形為龍爪掌，掌心朝上，肩鬆肘墜，氣貫手掌。（圖1-6）

圖1-5

圖1-6

7. 日月掌

掌根上下相對，雙臂裹抱勁，上
手不過肩，下手不過腰。（圖1-7）

8. **雙推掌**

肩鬆肘墜，兩肘相裹抱勁，立
掌，塌腕。（圖1-8）

圖1-7

9. **雙撞掌**

頭頂鬆肩，手臂撐圓，胸空，掌朝外，十指相對。（圖
1-9）

圖1-8

圖1-9

步　法

1. 虛　步

後腳斜向前，屈膝半蹲，
大腿接近水平，全腳著地。前
腿微屈，腳面繃緊，前虛後
實，三七四六步。（圖1-10）

圖1-10

2. 擺　步

後腳實，重心在後，腿彎曲，鬆胯擺步成為外龍形腳。鬆肩，鬆胯，坐胯。擺步暗含暗腳，可使人立跌而出。擺腳屬於陽。擺步要大。（圖 1-11）

3. 扣　步

腰腿下坐，兩膝相交，扣腳扣於腳尖處，成為丁字步，前虛後實，兩腳相距 10 公分左右。運用時要點在於「膝找膝，胯找胯」。轉掌換式時多採用此種步法，扣步要小。（圖 1-12）

圖 1-11

圖 1-12

4. 歇　步

圖 1-13

兩腿交叉，屈膝全蹲，前腳全腳著地，腳尖外展，後腳腳跟離地，臀部坐於小腿上，接近腳跟。前腳橫，後腳立，臀部落於腳後跟，身體中正。歇步屬於陰。（圖 1-13）

5. 弓　步

前腳微裏扣，全腳著
地，屈膝半蹲，大腿接
近水平，膝部約與腳尖垂
直；另一腿挺膝伸直，腳
尖裏扣，斜向前方，全腳
著地。（圖 1-14）

圖 1-14

6. 馬　步

兩腳左右開立，約為腳長三倍，腳尖正對前方，屈膝半
蹲，大腿接近水平。（圖 1-15、圖 1-16）

圖 1-15

圖 1-16

7.提 步

立腳實，提腳虛，腳尖貼筋骨處，屬於蓄勢待發腿。虛中守，實中發。（圖1-17）

8.仆 步

一腿全蹲，大腿和小腿靠緊，臀部接近小腿，全腳著地，膝與腳尖稍外展；另一腿平輔接近地面，全腳著地，腳尖內扣。（圖1-18）

圖1-17　　　　　　　　圖1-18

椿 法

椿法是八卦掌的根基，如建築房舍，鞏固基礎，同是一理。日練不輟，日久功成。沒有投機取巧、捷徑之法。

椿法分站椿、行椿。

1.站 椿

龍形掌定式。順項提頂，舌頂上齶。手掌前伸頂，後手在前手肘下，食指頂肘，掌外頂。出左手左腳前邁，出右手

右腳前邁，雙腳前虛後實。雙肩要鬆，緊背含胸，氣沉丹田，溜臀併胯。左手左腳在前，向左轉手，食指與眼平，虎口圓對口，轉至身後，須腰動，慢慢再回。右手右腳在前向右轉手，食指與眼平，虎口圓對口，下手食指頂肘尖，慢慢向左轉至身後，慢慢再回前方。

要注意雙手心空，雙腳心空，胸心空。還要注意腳前虛後實，身體重心落至後腿上，腿要屈膝，下塌腰（詳見「站樁」章節）。

2.行　樁

行樁練功方法要領，按照三頂三圓三空，頭頂項直，氣順，肩鬆肘自墜，塌腕，手掌前頂有推山之力。舌頂上齶，左為金津，右為玉液，滿口嚥下至丹田，氣沉丹田，脊背圓，渾身有陰陽圓撐之力。兩膀抱圓，前胸鬆，氣容易下沉；虎口圓，有捉拿之力；手心空，有捉拿領帶之功；腳心空，獨立峰。胸心空，忌偷根拔橛。身心健壯，貫腹暢胸，忌努氣。裏腳直邁，外腳扣行，步如蹚泥，起平落扣，穩如坐轎，行如推磨。出腳要腳面繃直，十趾抓地，後腳的後腳跟不要起，前腳虛，後腳實，要吸胯，按走的規矩，前虛後實，腳趾抓地，吸胯勁。身體中正，不要低頭貓腰。左轉變右轉，右轉變左轉，換式步法擺扣步，擺步要大，扣步要小。兩膝要相對，塌腰溜臀頭上頂，身體中正。轉掌腰為軸，動手先動根。

百練不如一走，百走不如一抖。日久照此習練，可以腿上帶沙袋，增加意氣力的純功（詳見行樁章節）。

三　頂（順項提頂）

頭頂、舌頂、手頂。

頭頂百會上丹通，下齶內收舌要頂。

舌頂上齶多一精，左為金津右玉液，滿口嚥下，氣沉丹田，齒叩舌捲任督通。

前手一頂如泰山，前臂一伸如半月。手掌外頂，眼不離手，手不離肘，肘不離心，沉肩墜肘（鬆肩肘自墜），上身中正，兩肩水平，食指撐，中指頂，小指內扣，大拇指橫，虎口圓，五指一撐三角形。心神安靜，意在前小指內扣氣能通，氣通能使百脈從。手法領帶扣捋搬攔任意用。

三　空

手心空、腳心空、胸空。

手往前頂，手心空，胸自然涵空，背自然拔背；背圓，雙臂抱勁裹勁，兩背裹緊能含月。

腳心空，獨立峰，十趾抓地，腳跟落，忌偷根拔橛。

空胸拔頂下塌腰，溜臀提肛，尾閭內收，腰為軸，氣沉丹田，腹要實，身要正，吸身吸胯，胯根要折疊。

三　圓

一走圈圓，兩膀抱圓；二虎口圓，虎口圓有捉拿之力；三身法脊背要圓，三圓合一。

肩、腿、手、腳等動作要點：

肩鬆胯鬆，腿節要鬆，大腿帶小腿，鬆墜到腳趾，意氣

到末梢。

手為梢節，膀為根，伸要伸到根，抽身長手穩如山，長身抽手自含機。

出手為陽，回手為陰。出步為陽，歇步為陰。左為陽，右為陰。

虛中守，實中發。剛柔相濟，剛中有柔，柔中有剛。

柔勁擰裹鑽翻，剛勁抖彈崩炸。綿裏藏鐵，規矩為法，招為術。

神在於腦，用氣在於心，用精在於氣海。

三頂丹田是精氣神，左旋右轉，裏腳直邁，外腳扣行，腳面繃直似雞行。

蹚泥步、扣步要小，擺步要大。

八卦掌鍛鍊要訣

無極無象無分拿，一片神行至道誇。

滲透虛無根蒂固，混混沌沌樂無涯。

八卦原生無極中，混元一氣感斯通。

先天逆順隨機變，萬象包羅易理中。

八卦奧妙要學真，走穿擰翻人難進。

任他巨力來打我，旋轉變化到彼身。

八卦先天氣練勻，剛柔相濟細追尋。

掌法招數留心記，不怕猛漢力千斤。

順項提頂，溜臀收肛，鬆肩沉肘，實腹暢胸。

滾鑽爭裹，奇正相生，龍形猴相，虎坐鷹翻。

　　撐旋走轉，蹬腳磨脛，屈腿蹚泥，足心涵空。

　　起平落扣，連環縱橫，腰如軸立，手似輪行。

　　指分掌凹，擺肱平肩，樁如山岳，步似水中。

　　火上水下，水重火輕，意如令旗，又似點燈。

　　腹乃氣根，氣似雲行，意動生慧，氣行百孔。

　　展放收緊，動靜圓撐，神氣意力，合一集中。

　　八卦真理，俱在其中，繼承先賢，持之以恆。

程式八卦掌練法詳解

順項提頂，溜臀收肛

順項是使頸項自然豎直，在鍛鍊時不要仰頭，不要低頭，也不要左右歪斜。

提頂是下顎裏收，頭向上直頂，溜臀是將臀部下垂，向裏收縮。鍛鍊時，不要有絲毫的向後撅臀的現象產生。

收肛是將肛門的肌肉予以收縮控制，勿使放鬆。

鬆肩沉肘，實腹暢胸

鬆肩是使兩肩向下鬆沉。鍛鍊時不要向上聳肩。沉肘是使肘部經常保持向下沉墜。

鍛鍊時必須屈如半月形。腹是蓄氣的良好部位，實腹就是在鍛鍊時必須將呼吸深入到腹部，使腹部充實鼓盪，即所謂「氣沉丹田，內宜鼓盪」的意思。

胸部的內外挺凸固然會影響氣沉丹田，而胸部的向裏收縮也足以影響到血液的流暢。因此，暢胸就是指胸部要寬鬆開展，既不要挺胸，也不要縮胸。

滾鑽爭裹，奇正相生

這是指鍛鍊時的勁力變化而言。滾是圓形的旋臂動作；鑽是既轉又要向前的螺旋形旋臂動作；爭是向外撐開；裹是向裏扣抱。這四種動作在運動時必須使肌肉收縮，產生力量。僅僅是圓形的滾轉，沒有向前的力量，沒有向外和向前的勁力矛盾，力量就不能保持最大。因此，在鍛鍊時必須要滾中帶鑽，使圓形的滾轉動作成為螺旋形的動作。爭和裹也

是這個意思，雙臂肘的合抱固然為裹力，但是裹力只有向裹收的勁，沒有向外擴張的勁，這就沒有向裹和向外的勁力矛盾產生。而如果是裹裹帶爭，這裏面就有了收縮和擴張的對抗性，也就有了勁力矛盾的產生。

奇正兩字，代表兩種不同性質事物的矛盾。奇正相生，換句話說，就是由滾鑽爭裹四方相互對抗在奇正矛盾中所發揮出來的八卦掌的勁力。

龍形猴象，虎坐鷹翻

這是指鍛鍊時的身形、身法、步法的變化而言。八卦掌運動特點之一，就是走這種滔滔不絕的圓形步，必須使之形如遊龍，悠然之中含著穩重。

八卦掌運動特點之二，在運行或轉身換掌時，兩眼總是注視著兩掌，所謂手眼相隨。眼是心中之苗，視能顯示出運動的內在精神，這種精神必須使之像猿猴守物那樣機靈之中含著警惕。

八卦掌運動特點之三——坐即在轉行時，兩腿並不伸直，採用坐胯，在轉身換掌時的一瞬間又有坐樁的動作。這些蹲坐的動作和腿法，必須使之像虎踞之形，覺著有力。

八卦掌運動特點之四是翻，即在轉身時，須有取鷂鷹盤旋空中翻身的那種靈敏灑脫之勢。

擰旋走轉，蹬腳摩脛

擰旋走轉，即在走轉時，必須腰要擰，肘臂要擰，手掌要擰，勁頂要擰，使頭、手、肘、身擰向圓心的一面，擰

成一股旋勁。蹬腳摩脛，是指在走轉時，前行之腳必須輕
邁，後行之腳必須蹬勁；向前進步必須貼進前腳脛骨裏側摩
擦而過，不要將腳提得過高或過寬。

屈腿蹚泥，足心涵空

屈腿就是走轉時，兩腿適度彎曲，身體往下坐，使力量
貫注兩腿。蹚泥是兩腳前進不要過高，如蹚泥之狀。足心涵
空是使腳掌和腳跟同時平落地面，這樣足心就涵空了。

起平落扣，連環縱橫

起平落扣是將腳提起時也要足心涵空，落步時不僅要平
落還要使腳裏扣。

連環是不斷的意思，意識不斷，勁力不斷，動作不斷，
從連環中生出縱橫、上下、左右，四面八方，一氣連環。

腰如軸立，手似輪行

八卦掌在鍛鍊時，必須以腰部構成運動的軸心，手動必
先身動，身動必先腰動，使腰帶動一切。換掌時手臂的動作
須如車輪那樣形成圓圈，因為圓形動轉較為靈敏，又含著連
環不斷的作用。

指分掌凹，擺肱平肩

指分是將五指分開不要併攏。掌凹是使掌心向裏涵空凹
攏。擺肱是在轉行時，兩臂必須極力向圓心的一面擺動，不
可有向前推的動作。平肩是兩肩在轉行或轉身換掌時，都必

須保持端正平舒不要有一起一落的現象。

椿如山岳，步似水中

椿是指靜止性的動作。八卦掌的椿步，必須使之像山岳那樣穩固，似乎任何強大的力量都推之不動。

步是指活動性動作，八卦掌的蹚泥步是除穩健之外又似流水那樣輕快，既不笨重，也不浮飄。

火上水下，水重火輕

心在上屬火，腎在下屬水，所謂心火腎水也就是前面所說的「實腹暢胸，心要虛、腹要實」的意義。

意如令旗，又似點燈

古代練兵時，一切陣型的變化，都必須以令旗和夜間燈為令。八卦掌運動時，也必須以意識引導動作，不能隨隨便便地運動。

腹乃氣根，氣似雲行

腹是蓄氣的良好部位，但這種深呼吸運動，是猛然一口將氣吸入腹中，還是慢慢吸入呢？

氣似雲行就是說八卦掌的深呼吸運動，必須像空中行雲那樣慢慢運行，不要猛然吸入，也不要猛然呼出。

意動生慧，氣行百孔

意動生慧是說八卦掌的動作是有意識的運動，在運動中

須培養出機警敏感的素質。

氣行百孔是說，如果八卦掌的深呼吸是按前面所說的氣似雲行那樣的話，那所吸入的氣就能輸送到各個需要的地方去。

展放收緊，動靜圓撐

展放收緊是指動作姿勢的開合而言，開的姿勢要舒展，合的姿勢要內收外緊。

動靜圓撐是指動中必須求靜，靜中又必須有動；動的極處就是靜的發源，靜的極處就是動的起端；這動和靜必須相互循行，又相互含蓄。

神氣意力，合一集中

前而所說到的精神、氣息、意識、力量等各方面的鍛鍊方法並不孤立，是合一集中的。不集中動作就不能完整一氣；不合一手腳就不能行動一致。

所謂合一，就是手與腳合，肩與胯合，肘與膝合，神與意合，氣與力合，內與外合。

所謂集中，就是六合必須統一、和諧、協調，取得完整。

八卦真理，俱在其中

八卦掌的鍛鍊方法，如果完全掌握和運用了上面所說的全面內容，才算得到了八卦掌的真正技術，不然的話，學了半天，看似會了不少，那只算學會了一套空架子而已。

八卦

揉身十三式

揉身十三式是活絡全身關節韌帶的基本功法，是習練八卦掌前必做的熱身活動。習練八卦掌，要求身如遊龍，擰鑽爭裹，對身體各關節、韌帶的柔韌性要求極高。

習練八卦掌前熱身，是對肌肉關節韌帶的保護，避免拉傷扭傷。因此，正式練習八卦掌之前，習練揉身十三式，把各關節韌帶拉開，活絡關節，做到全身靈活有力，才能達到長功夫、健身、技擊、養生的目的。

全身放鬆，身正，氣沉丹田，用沉勁、墜勁、柔勁，避免僵勁，腳趾抓地，腳心涵空（腳心涵空，五趾即有抓地感覺，氣便可沉到梢節，腳下即可生根）。

滴水之功，日積月累，循序漸進，切忌過急過力。

第一式　頸部拉伸（龍折首）

兩腳與肩寬，直身站立。兩手下垂或雙手叉腰，頭部向前俯 2 次，向後仰 2 次；然後向左右兩側肩膀方向各側擺 2 次。此為 1 組，做三組。（圖 2-1 ～ 圖 2-4）

【要點】

全身放鬆，中正，站直。運動過程中，其他部位不要亂動。舌頂上齶，氣沉丹田，用柔勁、沉墜勁，避免僵勁、剛勁。柔勁、沉墜勁是借助頭部力量，順重力自然而行，不主動強行使力，運動幅度以自然舒適為主，不要強求，經由長期練習，自然拉伸幅度會加大。

圖 2-1

圖 2-2

圖 2-3

圖 2-4

【養生健身功用】

前後左右拉伸頸部肌肉及周圍的關節和韌帶，舒通氣血，有助於防治頸椎疾病，尤其適用於久坐辦公室人員的身體調理。透過此種練習，可以強固頸部力度，增加抗擊打能力。

第二式　柔肩（熊調膀）

兩腳相併，兩肩分別向前向上向後向下轉動畫圓 1 次，再向下向後向上向前反向轉動畫圓 1 次，此為 1 組，做三組。（圖 2-5、圖 2-6）

【要點】

全身放鬆，豎項頭頂，中正，不可縮脖。舌頂上齶，氣沉丹田，用柔勁、沉墜勁，避免僵勁、剛勁。

圖 2-5　　　　　　　　　　圖 2-6

【養生健身功用】

可將肩部練活，舒通肩井穴。肩井穴通，湧泉穴即可通，練之有效者，腳可出汗。可防治肩周炎。對於行樁練拳中的沉肩有較好的輔助作用。

第三式　拍肩抽腰

兩腿直立與肩寬，左手拍右肩前面，右手拍後腰腎俞穴，反之右手拍左肩前面，左手拍後腰腎俞穴，各拍 16 次。左右反向 16 次。（圖 2-7、圖 2-8）

【要點】

全身放鬆，豎項頭頂，中正。舌頂上齶，氣沉丹田，用柔勁、沉墜勁，避免僵勁、剛勁。腰胯協調，腰帶肩，肩帶手，沉墜勁，以畫圓為標準。注意，手心勞宮穴拍肩井

圖 2-7　　　　　　　　圖 2-8

穴，手背中心拍腎俞穴，兩手同時，運動時間一致。

【養生健身功用】

　　肩、腰、胯、脊、上臂全面鍛鍊，促進全身氣血流通。對八卦掌行掌過程的擰轉起到輔助鍛鍊作用。

第四式　抵股

　　雙腳併立，雙手叉腰，胯向前、右、後、左順時針轉圓8圈，反之向前、左、後、右前逆時針轉圓8圈。（圖2-9、圖2-10）

【要點】

　　全身放鬆，豎項頭頂，中正。舌頂上齶，氣沉丹田，用柔勁、沉墜勁，避免僵勁、剛勁。腰胯協調，主要轉兩側骶股，不是轉腰，是骶股動（俗稱胯軸），不是腰動。

圖2-9

圖2-10

轉動時，腿要站直，不要屈膝，頭部、下身不要亂動，保持中正。

【養生健身功用】

此式可鍛鍊人體的骶髂關節。此關節是人體的微動關節，非常重要，對養生延壽有重要意義。

第五式　晃腰胯

雙腳與肩寬，直立，雙手叉腰，腰胯向前、右、後、左順時針轉圓 8 圈，反之向前、左、後、右前逆時針轉圓 8 圈。（圖 2-11、圖 2-12）

【要點】

全身放鬆，豎項頭頂，中正。舌頂上齶，氣沉丹田，用柔勁、沉墜勁，避免僵勁、剛勁。腰帶胯，胯帶膝，膝帶

圖 2-11

圖 2-12

踝,腳踏實,膝部不要彎曲,腰胯協調,動作幅度大,以畫圓為標準。

【養生健身功用】

鍛鍊周身,尤其對八卦掌入門者鍛鍊下盤筋骨可打下良好基礎。普通人練習對腰肌勞損有預防作用。

第六式　塌腰胯

按自身體質,兩腳儘量向兩側開。向兩腳中間向前向下俯身,頭略微上仰,依靠自身能力盡可能向下,兩手抱腳跟。腰脊正直。然後兩手向左側抱住腳踝,儘量面部從側面貼向小腿,鬆墜 8 次。然後換到右側,動作同左側。(圖2-13、圖2-14)

圖2-13

圖2-14

【要點】

全身放鬆,中正。舌頂上齶,氣沉丹田,用柔勁、沉墜勁,避免僵勁、剛勁。

兩腿伸直不可彎曲,腰部和上身要放鬆,利用上身的重量和前俯的慣性使頭部貼向小腿。

【養生健身功用】

塌腰塌胯,鍛鍊側面拉伸,撐開內襠,防

止韌帶受傷。對於練八卦掌者，經由練內襠，起到冰雪地上穩固下盤的作用。

第七式　前後繞身

兩腳向兩側開立，初習兩至三肩寬，上身前俯，兩臂伸直，一正一反（左手正、右手反），手心朝外，以腰帶動上身向左、向後、向右、向前下逆時針轉動，轉到正位時，兩手變為右手正、左手反，然後反方向以腰帶動上身向右、向後、向左、向前下順時針轉動，共計 8 次。（圖 2-15、圖 2-16）

【要點】

兩腿不動，上身放鬆，以腰帶動上身轉動，動作要輕鬆自如。全身放鬆，中正。舌頂上齶，氣沉丹田，用柔勁、沉

圖 2-15　　　　　　　　　　圖 2-16

墜勁，避免僵勁、剛勁。轉時，兩腳不可移動。

【養生健身功用】

此為八卦掌大蟒翻身的基礎練習功法。對於普通人的腰背肩肘腕的鍛鍊有著良好作用，緩解疲勞，舒通氣血，促進消化。

第八式 揉 膝

兩腳併攏，鬆腰、鬆胯，身下墜，下蹲，兩手撫膝，膝部向左、向上、向右、向前逆時針轉動8次，然後反方向順時針轉動8次。（圖2-17、圖2-18）

【要點】

全身放鬆。中正，舌頂上齶，氣沉丹田，用柔勁、沉墜勁，避免僵勁、剛勁。大腿貼緊小腿，上身儘量正直，練習

圖2-17

圖2-18

時根據自身條件適當調整，不要抬腳跟。

【養生健身功用】

對腰、膝部、腳踝部起到防止衰老的作用。是八卦掌下盤平膝胯的基礎練習

第九式　起　蹲

兩腳直立與肩寬，兩臂平舉前伸，下蹲，起立，往返16 次。（圖 2-19、圖 2-20）

【要點】

全身放鬆，中正。舌頂上齶，氣沉丹田，用柔勁、沉墜勁，避免僵勁、剛勁。

大腿蹲到與地面平行，上身正直，手心向下，不能撅屁股，膝蓋不能過腳尖，同時吸胯。

圖 2-19

圖 2-20

【養生健身功用】

鍛鍊腿力和腰胯，增強底盤的支撐力。是八卦掌練習過程中吸胯、吸身、溜臀要求的基礎。

第十式　下壓腿

兩腳開立與肩寬，右腿彎曲，左腿前伸，左腳平落地面。兩手相疊，掌心向下撫左膝部，頭面儘量貼向左小腿，下壓 36 次。然後換左式，同右式要求。（圖 2-21、圖 2-22）

【要點】

全身放鬆，中正。舌頂上齶，氣沉丹田，用柔勁、沉墜勁，避免僵勁、剛勁。前伸之腿要伸直，雙手不使力，額頭貼小腿，後腿屈膝，膝蓋與腳尖方向相同。

圖 2-21　　　　　　　　　圖 2-22

【養生健身功用】

俯身折疊，主要鍛鍊從頭到尾的全身後側筋骨，是八卦掌鍛鍊緊背含胸的基礎。

第十一式　弓步壓腿

左式。兩腿開立一肩寬，右腳尖向右外擺 45°，左腿向前邁一大步後彎曲，大腿與小腿呈 90°，右腿伸直，上身面向前方保持中正，兩手撫左膝蓋，整個上身由百會至會陰垂直鬆墜下壓 36 次。

右式換式時不可起身，直接扭轉為左式，其他動作同左式。（圖 2-23）

【要點】

全身放鬆，中正。舌頂上齶，氣沉丹田，用柔勁、沉墜勁，避免僵勁、剛勁。前腿彎曲成 90°，後退伸直，膝蓋不得彎曲，後腳全腳著地，不可抬起，腰髖放鬆，用身體的重量向下壓，上身保持正直。

【養生健身功用】

吸胯，鬆墜，練習八卦掌背插掌和蜻蜓點水的基礎，練到高境界時，可以八仙桌下打拳。

普通人練習可幫助提高下肢力量和柔韌性，增強關節活動幅度。

圖 2-23

第十二式　前後伸展

左式。自然站立併步，右腿外擺45°，左腿向前跨步成左弓式。同時，左手心向上，平展前伸；右手心向上，向後平展後伸。（圖2-24）

右仆步，同時，右手在頭前向外頂，左手手心向下並下壓，雙手對撐。（圖2-25）

右式反之（需回到原始預備式開始）。

【要點】

沉肩墜肘，全身放鬆，中正。舌頂上齶，氣沉丹田，用柔勁、沉墜勁，避免僵勁、剛勁。上身中正，弓步後腿要直，要有蹬勁。

【養生健身功用】

為八卦掌順步撩衣、插掌的基礎。普通人練習可增加協調性和靈活性。

圖2-24　　　　　　　　　　圖2-25

第十三式 後部拉伸

左式。左腳前伸，頂在樹根或牆或石塊，使腳尖直立，腳跟著地；右腿直立，彎腰。

頭部盡可能貼近左小腿，貼近左腳鬆墜下壓 36 次，抻拉後部大筋與肌肉。右式反之。

【要點】

全身放鬆，中正。舌頂上齶，氣沉丹田，用柔勁、沉墜勁，避免僵勁、剛勁。前腳腳跟腳尖直立，後腿蹬直，鬆腰鬆胯，用身體重量沉勁拉伸。（圖 2-26）

【養生健身功用】

抻懶筋，是平起起落的基礎，可避免八卦掌中偷根拔橛的錯誤現象。此式較難，應根據自身情況循序漸進，慢慢練習。

圖 2-26

揉身十三式為本支練習八卦掌的基礎之基礎，為八卦掌預備式。對八卦掌習練者來說，應以天罡地煞數為準，即左36次，右36次，共72次。

練習時，均自然呼吸，身體鬆墜。普通健身者可酌量練習。收式均為併步立正，雙手自然下垂，氣沉丹田，舌頂上齶，左為金津，右為玉液，滿口嚥下。堅持練習，延年益壽。

八卦

站椿

八卦掌樁功為青龍探爪式，為八卦掌之基礎，習八卦掌各式前均需先練此樁。習練樁功，可使氣血不致上浮，下盤穩固，周身一致。練習虛實分明，內外合一，以避雙重。

晨昏皆需練習，以合陰陽之理。

第一式　預備式

晨起，面向東方（面朝陽），兩腳並齊，雙手下垂（晚上練時，以面朝月亮方向為準）。（圖3-1、圖3-2）

圖3-1　　　　　　　　　　　　圖3-2

第二式　老僧托缽

兩腿微屈，重心移於左腳，右腳向前出約兩腳距離。肘貼肋不動，同時，雙手上提至與肘平前伸，手心向上，雙肘裹裹。重心落於後腿。（圖3-3）

圖 3-3

圖 3-4

【要點】

溜臀提肛，塌腰。順項提頂，肘墜，雙手裏抱，後背撐圓。鬆肩，鬆胯。

第三式　分陰陽

左手貼右小臂內側回收下掩，食指尖對肘尖，立掌，塌腕，掌根外頂；同時，右掌外旋前頂，立掌塌腕，虎口對嘴。（圖 3-4）

【要點】

順項提頂，肩鬆，肘墜，緊抱含胸。

第四式　青龍探爪

接上式，以腰為軸，扭膝合胯，向右旋轉 180°，手腳立面形成一字。（圖 3-5、圖 3-6）

圖 3-5　　　　　　　圖 3-6

【要點】

頭頂，百會為中。腳趾抓地。食指與眉齊，眼不離手，手不離肘，肘不離心。

練習一段時間，應換左式。換式時，以腰為軸回轉至中線（手不動），然後穿手（後手從前手肘下外側前穿，雙手背相摩），穿手中有手法，可拿對方梢節，八卦門中稱為捉拿領帶。同時上步，後步變前步，變為左式，再擰轉180°。左右兩式循環交替練習。

【要點】

周身中正，重心落於後腿，前虛後實，十趾抓地，吸胯。肩鬆胯鬆。氣沉丹田，心靜，氣順，自然呼吸，不要憋氣。忌三害。

此式最為鍛鍊腰胯。

八卦

行椿

行樁，均由老僧托鉢起式變換以下各掌形，根據個人體力，左右兩側相同圈數轉掌，目的是透過練習，讓身體各部位符合八卦掌理法要求。

行樁由乾位起，裏腳直邁坎位，外腳扣行艮位，坎震離兌為裏腳位，乾艮巽坤為外腳位。

乾為天起，坤為地收。四正為正北、正東、正南、正西。四隅為西北、東北、東南、西南。

八步圈、神在於離，用氣在於心，用精在氣海，三項丹田精氣神。

三頂：頭頂、舌頂、手掌頂。

三空：手心空、胸空、腳心空。

三圓：虎口圓、腰背圓、步走圈要圓。

八卦門講，百練不如一走。以下介紹本門走轉基本功。

以樹（或某物）為中心（選松柏樹為宜）。

起式以乾位起，即面朝東方，站在樹的西北方向。併步直立，屈膝下坐，裏腳（右腿）直邁，平起平落。雙手自然下垂，後腿坐，前腿屈膝，後腿平起前伸扣步，過程中身體不可起伏，保持鬆腰坐胯，身體中正，行如蹚泥，走如推磨，穩如坐轎，轉動如水中漂木。前腿繼續屈膝，後腿平起前伸直行。

在坤位換式時，外腳扣步，兩膝相頂，坐身，兩腳成丁字形，中間為一拳距離，以腰帶胯，外腳外擺，繼續向反方

向走轉。左右圈數相同。外腳到坤位時，後腳自然跟進併步起身收式。

【要點】

兩腿成剪子形狀，前虛後實，左腿虛靈，勁在右腿，身體往下墜，上身正直，不可前俯後仰，頭懸、順項、提頂、沉肩、墜肘、下顎內收。

緊背含胸，兩手含抱力，塌腕手頂，立掌，食指撐、中指頂、小指扣、拇指橫，氣到手指。兩手虎口要圓，兩膀抱圓，脊背圓，兩膝相對。舌頂上齶，眼觀前手，前手與眉齊，後手貼肘下，兩肩水平。下身肩墜腰，腰墜胯，胯墜膝，膝墜足，氣到足趾。手心空，腳心空，心要空，氣沉丹田。

緊襠合胯，兩膝相對，步如蹚泥，雙膝緊併而行，心平氣和，氣沉丹田。走椿時坐胯，腳面繃直似雞形，後腳掌跟平起，裏腳直走，外腳扣行，平起落扣，十趾抓地。全身三形具備，即龍、猴、鷹是也。行走如龍，回轉如猴，換式似鷹，穩如坐轎。忌前俯後仰、上下起伏。忌前後腿雙重，沒有虛實之分。忌偷根拔撅。

【注意】

腳趾抓地吸胯勁，步走要圓為無極，又叫萬物生剋無極圈。虎口要圓有捉拿之和，又叫陰陽乾坤手。身法腰背要圓，腰背圓，無極生，有極定，三才生身乾坤整。心中空練法精，練法精能聚精會神。手心空，氣貫掌，有抓拿領帶。腳心空，獨立峰；獨立峰，根氣生，如樹生根。

先慢後快，先大圈後小圈，勿過於擰轉。

行樁變換有：推、托、帶、領、揉球、雙撞、虎搓、立樁等式。

推　掌

老僧托缽（爲陽）起式，然後雙手向裏向下翻，同時身體向右擰轉，雙掌隨身體至右胯前，此爲塌掌（爲陰）。（圖 4-1）

然後，上左腳擰身，雙手前推，此爲推掌。然後繼續按走轉的方式行走。（圖 4-2）

需換式時，外腳扣步，同時雙掌下塌，上步推掌，繼續走轉。（圖 4-3、圖 4-4）

收式時，以外腳行至坤位，裏腿自然上步併立起身，同時雙掌自然下落收至兩側。

圖 4-1

圖 4-2

圖 4-3

圖 4-4

【要點】

　　頭懸頂，脊背圓，鬆肩，雙掌塌腕前頂，意氣力到手掌，眼看前指，光照前方。

　　屈腿塌腰，十趾抓地。胸空氣順，下沉丹田。雙肘墜裹。

托　掌

　　老僧托鉢（爲陽）起式，然後走轉。（圖 4-5）

　　換式時，扣腳轉身翻轉下塌成塌掌，然後上步。同時，雙手掌伸如老僧托鉢

圖 4-5

圖 4-6

圖 4-7

式，繼續走轉。（圖 4-6、圖 4-7）

　　收式時，以外腳行至坤位，裏腿自然上步併立起身，同時雙掌自然下落收至兩側。

【要點】

　　鬆肩沉肘，雙手手心朝上長伸。順項提頂，溜臀塌腰。緊背含胸，雙肘裏裹，兩臂含抱力。小指上挑朝天，手指伸平可氣通。

帶　掌

　　老僧托缽（爲陽）起式，隨走隨變，兩手向兩側平開，掌心向上，兩臂不能過肩，以合沉肩墜肘要求，不可過分外展，影響含胸拔背。

　　裏手裏翻變立掌，掌心對樹；同時，外手屈肘向左額前上方翻轉，掌外翻，掌心朝外。扭膝合胯，腰胯擰轉，面對

中心。（圖 4-8、圖 4-9）

　　換式時，外腳扣步，雙手翻轉下塌變塌掌，同時擰轉成
老僧托缽式，換式走轉。（圖 4-10、圖 4-11）

圖 4-8

圖 4-9

圖 4-10

圖 4-11

收式時，以外腳行至坤位，裏腿自然上步併立起身，同時雙掌自然下落收至兩側。

【要點】

雙手雙撐，立掌塌腕。氣沉丹田，扭膝合胯，緊背含胸。

領　掌

老僧托缽（爲陽）起式，隨走隨變，兩手向兩側平開，掌心向上，兩臂不能過肩，以合沉肩墜肘要求，不可過分外展，影響含胸拔背。

裏手裏翻變立掌，掌心對中心；同時，外手屈肘向左額前上方翻轉，掌外翻，掌心朝外。扭膝合胯，腰胯擰轉，面對中心。行進時，上手下落掩肘翻掌落至前手肘下，食指對

圖 4-12

圖 4-13

圖 4-14

圖 4-15

於肘尖，立掌塌腕。（圖 4-12～圖 4-15）

【要點】

頭頂順項，前手一頂如泰山。指分掌凹，前臂一伸如半月。三頂、三圓、三空。

鬆肩鬆胯肘墜，腳前虛後實。

下塌掌

以老僧托缽起式，然後雙手向裏向下翻，同時身體向右擰轉，雙掌隨身體至右胯前，目視樹，此為塌掌。（圖 4-16、圖 4-17）

換式時，扣步擰身，雙掌下塌，保持在內側不變，然後繼續行進走轉。（圖 4-18、圖 4-19）

收式時，以外腳行至坤位，裏腿自然上步併立起身。同

圖 4-16

圖 4-17

圖 4-18

圖 4-19

時，雙掌自然下落收至兩側。塌掌時保持肘圓，不可出尖。

【要點】

手心向下，十指相對，肩鬆肘墜，氣到掌指頭頂項順，含胸拔背，腳趾抓地。

雙撞掌

老僧托缽（爲陽）起式，隨走隨變，兩手向兩側平開，掌心向上，兩臂不能過肩，以合沉肩墜肘要求，不可過分外展，影響含胸拔背。展開後屈肘，雙掌合至耳後翻轉指尖對耳，然後掌心向前平推，微低於肩，裏外形成圓形，十指相對。（圖 4-20、圖 4-21）

換式時，扣步擰轉，雙掌向樹方向下塌，轉身上身成老僧托缽式，繼續行走間變爲雙撞掌。行進間往裏擰轉，面對

圖 4-20　　　　　　　　　　圖 4-21

樹。（圖 4-22 ～ 圖 4-25 ）

圖 4-22

圖 4-23

圖 4-24

圖 4-25

【要點】

順項提頂，兩肩水平。雙掌向外與背撐圓。前胸空圓，氣沉丹田。

揉球掌

老僧托缽（爲陽）起式，向右擰身，同時，左手內旋至掌心向下，與胸口齊平；右手隨身擰轉至丹田，掌心向上，與丹田相平，兩臂相抱成圓弧狀，掌心相對。起轉中，時刻注意沉肩墜肘，氣沉丹田，溜臀提肛。（圖4-26、圖4-27）

換式時，外腳扣，重心移於外扣腳，擰身對樹，兩手隨身體如抱球般上下翻轉，雙手換至左下右上，擰過身後，外腳邁扣步，雙手同時向前發勁，隨之裏腿起繃腳，腳不過腰

圖4-26

圖4-27

圖 4-28

（此腿踢襠），繃腳落後，繼續走轉。（圖 4-28～圖 4-30）

收式時，以外腳行至坤位，裏腿自然上步併立起身，同時雙掌自然下落收至兩側。

【要點】

雙手掌心相對，含抱力，鬆肩塌腰。上手高不過胸，下手低至丹田。

圖 4-29

圖 4-30

立椿掌

老僧托缽（爲陽）起式，向右擰轉，同時，右手微外旋上指，右臂貼耳；左手微外旋至右胯下插，手背貼大腿。

換式時，外腿扣，擰身，雙手同時收肘變老僧托缽式，依前式反方向繼續走轉。（圖 4-31 ～ 4-35）

圖 4-31

圖 4-32

圖 4-33

圖 4-34　　　　　　　　　　圖 4-35

　　收式時，以外腳行至坤位，裏腿自然上步併立起身，同時雙掌自然下落收至兩側。

【要點】

　　上舉單立掌，手指裏扣，鬆肩。下掌立掌下插貼胯。

　　空胸拔頂下塌腰，身體中正，兩手臂伸直對拉。

虎搓掌

　　老僧托缽（為陽）起式，兩肘裏合相對，肘與小臂貼住，手腕處外分，兩手掌心向上圍樹走轉。（圖 4-36、圖 4-37）

　　換式時，外腳扣步，擰身出右腿扣步，隨之雙手上托向前發力（用於攻擊對方領）。腳下有蹬勁，左腳起繃腳，然

後正常走轉。

收式時，以外腳行至坤位，裏腿自然上步併立起身，同時雙掌自然下落收至兩側。（圖 4-38、圖 4-39）

圖 4-36

圖 4-37

圖 4-38

圖 4-39

【要點】

掌心朝上，掌根相對。頭頂，肩鬆，手臂前伸，雙肘裏抱，扭膝合胯。

程式老八掌

八母掌，也稱老八掌，即三穿掌（蛇形掌）、單換掌、順勢掌、雙換掌、繞身掌、背身掌、轉身掌、磨身掌。

練習八大式總要由起式開端，注意走穿擰翻，翻身要由慢中來快，逆中求順，扭中求合，總之功到自然成。在換式動手時，要手到腳到方為真。

有「手去腳不去，必定偷師學藝」之說。「低頭貓腰，傳授不高」之說。前師云，凡得授藝之徒，一要得明師，二要練，三須下苦工夫。練時不求多，不求快，一招一式，一式一發，要注意，緊了繃，慢了鬆，不緊不慢才是功。

第一式　三穿掌（蛇形掌）

老譜曰：

由單換掌起，外腳扣步，裏腳橫擺，成為龍行腿樣，身隨右反轉，後手前穿，後腳隨即繞步穿出，手心朝上，大指反擰朝下方，小指反勁上擰。緊背含胸，後手貼前肘穿出，手心朝外，肩腰胯隨滾擰螺絲勁向前穿出，後手貼前肘向上再滾勁穿出，前手撤回，後手再擰滾螺絲勁穿出，三穿掌為此。

穿畢後腳邁過前腳扣丁字步，隨提起右腿，右腳護著陰襠，以防撩陰。

手腳法：

前手由顎下穿出，再反手掌心朝上，後手滾擰螺絲勁下穿，名為夜叉探海，又名海底撈月（海底尋物）。前手隨朝

下斜方穿出，成為背身掌，隨勢（腰胯）掌從下方再回勢朝
上方穿出。隨再提左腳，左腳尖點於右腳足跟筋骨穴處，左
腳提步要虛，右腳站立要實。左手掌由腋下穿出，後肩改作
前肩，左手臂往上穿挑勁，左右兩掌手心全朝上，右手回撤
滾按勁，右手由左挑勁之手緩緩下撤到左臂肘處，兩手兩臂
用滾按勁歸位於單換掌勢。

1. 蛇形掌（起式）

前手頂勁、擰裏，後手抱。（圖 5-1）

2. 掩肘立掌

左手滾壓、裏裏，後手塌腕沉於肘下抱勁，前手沉墜
（防心胸部位）。（圖 5-2）

【勁力】

塌腰、溜臀，頂膝、鬆肩、墜肘，砍削勁。

 圖 5-1   圖 5-2

圖 5-3

3. 後塌掌

反背轉身，右手擰轉往下方塌勁為開。（圖 5-3）

【勁力】穿手擰裹扭身外塌勁。

4. 三穿掌

三穿時，後手貼前手肘前穿，後腳跟隨。前手手心向上，大指向下擰，小指向上擰。緊背空胸，胯向下坐，勁從腿生，肩、腰、胯與手穿滾，螺絲勁前穿，協調一致。（圖 5-4、圖 5-5）

圖 5-4

圖 5-5

【勁力】

穿手撐裏扭膝合胯，撐翻手臂，肩腰勁。

5.海底尋物

身下沉勁，兩手按勁。（圖5-6）

【要點】

隨左腿提起，左腳尖提於右腳跟筋骨穴處，隨兩手掌用滾按勁，左手挑勁，右手壓勁。

【勁力】胸內收鬆墜勁。

6.白蛇吐信

後手虎口中後托勁，前手下插勁，提腿護襠。（圖5-7）

【勁力】

雙肘相對前後外翻，腰膝身肩勁。

圖5-6　　　　圖5-7

圖 5-8

7. 背插掌

反背蜻蜓點水，左手前穿，兩手背插。（圖 5-8）

【要點】

左手貼左肋滾鑽下插，右手貼右肋滾鑽下插，貼右腿，上挑。右腿蹬直，五腳趾抓地，儘量下坐。

【勁力】雙手反背下插，肩腰勁。

8. 似龍出水

往上穿撐勁後，前推後撐勁，頭向上頂勁。（圖 5-9）

【勁力】手臂前伸腰胯勁。雙掌外撐鬆肩丹田勁。

圖 5-9

9. 推窗望月

前手領推，後手抱外推勁。（圖 5-10）

10. 青龍探爪

前手下壓，後手貼肘撑穿上挑，隨腰胯撑轉勁、領帶。

（圖 5-11）

圖 5-10   圖 5-11

第二式 單換掌

單換掌是八卦掌八大掌之一，是八卦掌的核心掌法，它不僅涵蓋了八卦掌的主要技法，也是練好八卦掌的重要基礎。

單換掌包括：立掌、橫滾掌、提掌、推掌、穿掌、挑

掌、壓掌、領掌。

老譜曰：

單換掌為母掌，各掌由單換掌所生，因此，單換掌起式時要把走穿撐翻各式練正確。

站樁起式要三圓（轉圈要兩膀抱圓、虎口要圓、腰背肩身要圓）、三頂（手頂如泰山，舌頂上齶，任督津液生，頭頂項直順氣墜丹田根）、三空（手掌空勁力生，腳心空根勁生，心內空生化精）。

蹚泥步左裏腳直邁，右外腳扣行。換式回身時，左裏腳直邁站穩，右外腳前邁扣丁字步，兩膝緊閉，兩肩鬆下，氣沉丹田，全身之重量在右扣步之腳，隨即再擺邁後左腳，隨即右腳提起位於左腳跟筋骨穴處，提腳、腳尖虛點，全身重量置於左腿獨立之腳。前手肘貼心掩肘，掌心朝面與耳齊，肘往外頂，胯往後吸，小指上反回指，大指外撐，前腕外頂，雙臂抱勁，隨勢左手掌朝上螺絲勁塌出，名為推窗望月之勢。後右手與肩往左肩內鑽穿，右手穿到耳邊，小指上反，鬆肩、沉肘，滾撐螺絲勁，再撐前手，別緩勁，右手過前肘，兩手往裏並撐，隨往圈裏一併落齊，此為單換掌。內涵五行，奧妙俱在其中矣。

單換掌起式初練走大圈，邁小步；熟練後走小圈，邁大步。心不用力，步如蹚泥，穩如坐轎，行如水中漂木，裏腳直邁，外腳扣邁。手與眉齊，舌頂上齶，抿嘴閉唇，呼吸用鼻孔過氣，牙微吃力，找氣順調。

右手掌穿出要慢，左手掌隨勢下沉，兩手與臂運用撐滾螺絲勁，氣隨掌近，回用撐滾螺絲勁下沉。兩臂勁別散，左

右手撐勁，眼瞧虎口，津液下嚥，氣送丹田，乃回原式。

左右轉法一樣。換掌時，裏腳直邁，外腳扣邁，成為丁字步，全身之力置於扣步之腳。兩手不動，兩肩下鬆，兩肘下沉。眼視虎口，別鬆勁，全身精神貫注，氣沉丹田。

1. 掩肘立掌

雙膝裏裏相對，擰裏旋轉。（圖5-12、圖5-13）

【要點】

扣步雙膝緊閉，緊背含胸，扭膝合胯，裏勁，力到手肘。

【勁力】

塌腰、溜臀，頂膝、鬆肩、墜肘，砍削勁。

圖5-12   圖5-13

2. 橫滾掌

身正挺拔，下坐腰。手臂擰滾勁，大拇指朝下，小指朝上，掌朝外。（圖 5-14、圖 5-15）

【勁力】

手掌心裏變外，手臂擰滾，掌心朝外塌，腎俞勁。

圖 5-14　　　　　　　　圖 5-15

3. 提　掌

提步至筋骨處前手心朝外，後掌相隨，掌不過肩，腳一實一虛。（圖 5-16、圖 5-17）

【勁力】

腳尖提至筋骨處，手掌外翻勁。

4. 推窗望月

扭膝擰腰胯。前手心朝上，後手上提頂肘相隨，朝斜

圖 5-16

圖 5-17

上方推掌。由前勢，將左腿隨往裏擺，右腳提於左腳腳跟筋骨穴處。左手隨掩肘前蹬，手指回反，手腕前頂，形如推窗望月，又名青龍探爪，掌心朝外，五指微屈，臂形 45°，肩臂掌用橫滾勁。橫推後右手隨即往下沉塌腕。（圖 5-18）

【勁力】

氣沉丹田，腰擰轉，肩鬆，命門勁。

圖 5-18

5.穿掌、挑掌

前後手變陰陽，擰裹鑽翻往上為穿掌，名為迎風穿袖。（圖 5-19、圖 5-20）

【勁力】手臂肩腰勁。食指腕骨合谷勁。

圖 5-19　　　　　　　　　　圖 5-20

6.壓　掌

前手變後手，後手變前手，雙手相挫，手要長身要短，前手為挑掌，十指為挑，後手回掩肘壓掌。（圖 5-21、圖 5-22）

【勁力】手背墜肘鬆肩，塌腰勁。

7.領　掌

隨走步手隨穿挑壓，前手領掌，後手掩肘立掌，兩臂相抱，回歸龍形掌。（圖 5-23、圖 5-24）

圖 5-21

圖 5-22

圖 5-23

圖 5-24

【要點】

前手塌腕，虎口要圓。兩眼不離前手，後手不離前臂肘，後肘不離心口。

後手肘掩心，指掌朝前跟；前後兩手共成一團神，兩臂抱勁不散神。

【勁力】

雙手雙足腰動勁。

第三式　順勢掌

老譜曰：

由單換掌開掌前手頂如泰山，二指摳眼，虎口圓，前手指與眉齊，五指撐成三角形，無名指手指縫自開展。緊背空胸，拔頂坐腰。走步如蹚泥，行如水中漂木。走圈換式時，外腳朝外橫擺。

此式左轉法，左手朝上撐，手心裏扣，後右手貼肋往前蹬勁。隨即再右腳前擺，邁左腳裏扣成丁字步。左手漫頭向前伸塌過去，勿彎，手要塌平，回裏；右手如抱袋掖物，左手心朝上，右手小指上反，手心朝外頂勁前指。後右腳前邁，落正圈。左手貼肋由歸單換掌法。

1. 探　掌

沉肘，掌經前探如蛇吐信，力在指尖。（圖5-25）

【勁力】

手掌撐翻，腳蹬勁。

圖 5-25

2. 腦後摘盔

纏頭裹腦，內裹勁。（圖 5-26、圖 5-27）

【勁力】含胸內收勁。

圖 5-26

圖 5-27

3. 順式掖掌

力在掌側，橫出，整勁往前下方橫掖下塌。（圖 5-28）

【要點】

左手漫頭而過，手掌塌平。左裏腳隨邁過右前腳扣步。心意在塌掌之手上，氣貫丹田，由丹田氣回反貫於前手指，掌心外塌，左手大指朝下，小指上反；後右手小指貼肋，掌心朝上，位於左肋下，全神貫注。

【勁力】丹田勁。

圖 5-28

4. 順步撩衣

捋手反身，下坐腰，後腿蹬，順步虎口撩陰襠。（圖 5-29）

【勁力】指掌雙臂氣沉勁。

圖 5-29

5. 青龍翻身

起身，前手領掌，後手掩肘立掌，回歸龍形。（圖 5-
30）

圖 5-30

第四式　雙換掌

老譜曰：

由單換掌變過雙換掌，左裏腳直邁，右外腳扣裏腳成丁字步，裏腳隨橫擺邁，兩膝緊閉。隨擺左腳之勢，兩肘外頂，肩肘要圓，身往下坐，緊背空胸，提肛墜肚，氣自下降。兩手掌虎口圓滿，再後右腳前邁扣步，橫擺左腳提於右腳跟筋骨穴處，腳尖虛點，全身重量置於右腳之上。左手之掌外塌，名青龍探爪，即推窗望月之勢，右手掌隨即追跟到左手肘下。

隨後跟隨擺扣步，走轉畢，右外手從左肩下上穿出過頭，手掌上指名為指天，小指裏扣；左手隨擰坐腰，掌落腋下，再反手下指，小指對擰，左裏手隨落下再反手掌，手心朝外，由膝往下指，小指外擰，身要挺拔，頭頂，上指為指天，下插為打地，上下兩手如同擰繩一般。

隨勢再虛點之腳前邁落正圈，兩手左右分開，名為順步撩衣之勢，左手反臂穿出後右手隨勢返回，左手跟隨如同抱袋掖物之勢，右手之掌同時回到右胯處，手掌與肩臂回捲，名為走馬活攜之勢，緊背空胸，右手掌心朝外塌勁，別散勁，左外手前塌平回裏，裏手同時右手貼肋從腋下穿過，鬆肩墜肘，乃歸單換掌式。

1. 掩肘立掌

扣步，雙膝緊閉，緊背含胸，扭膝合胯，裏勁，力到手

圖 5-31　　　　　　　　　　　　圖 5-32

肘。（圖 5-31、圖 5-32）

【勁力】塌腰、溜臀，頂膝、鬆肩、墜肘，砍削勁。

2. 滾　掌

身正挺拔，下坐腰，手臂擰滾勁，大拇指進下，小指進上，掌朝外。（圖 5-33、圖 5-34）

【勁力】手臂橫滾，塌腰腎俞勁。

3. 指天插地

右手擰腰上穿，手往裏扣，擰左手貼肋別散勁，兩眼看指天之手，舌舔上齶，抿唇閉嘴，牙微吃勁，氣貫手掌，要整勁。此名為指天之勢。（圖 5-35）

【勁力】鬆肩坐腰，上下勁。

圖 5-33

圖 5-34

圖 5-35

4. 背插掌

雙手反掌由背脊下插，順式臂腰胯扭轉。（圖 5-36）

【勁力】雙手反背下插，肩腰勁。

5. 撐　掌

隨臂腰胯扭轉，前後撐掌。（圖 5-37）

【勁力】鬆肩，丹田勁。

圖 5-36

圖 5-37

圖 5-38

圖 5-39

6. 走馬活攜

左右轉腰胯抱球，上下變手揉出，頭頂鬆肩身挺拔。（圖 5-38、圖 5-39）

【勁力】兩肱兩臂腰胯勁。

7. 提步照掌

腳提筋骨穴處，屈膝下蹲雙手掌心朝外。挺項、順項。手與背相撐力。（圖 5-40）

【勁力】塌腰溜臀，崩炸勁。

圖 5-40

圖 5-41

8. 後掖掌

腰胯扭轉，屈膝下蹲。雙手掌心朝外，橫力，前掌與肩平，後掌沉於前肘下。（圖 5-41）

【勁力】轉腰扭胯，鬆肩墜肘勁。

第五式　繞身掌

老譜曰：

此掌由單換掌起式，為右轉圈法式。左手在前，手指與眉齊，手腕塌出，五指回反，二指摳眼，前臂伸出如 45°角，臂似曲非曲之勢，右後手虎口要圓，插手前臂肘下。蹚泥步勢，換時裏腳直邁出，外腳扣於裏腳腳尖前，成為丁字步。從片旋掌式起，片出之手與肩平，後右手貼肋塌腕，手掌頂出。左腳隨勢邁出，左手掌反背撩塌出，鬆肩，右手掌隨同左腋下趁勢返回，兩臂兩手繞關翻撑，名為懶龍翻身之勢。隨勢，左腿提起，腳護陰蹚，又名烏龍纏柱。

隨勢落腳下坐腰身，左手反腕，貼身下指，掌心朝上，左手掌穿到腳腕，後右手貼左腋下往前肩內鑽，前手直頂別

往回撤勁，撐腰如同撐繩一般，隨勢前手掌反手外塌，胯往後吸，後右手前頂。右腳提起，腳尖落於左腳足跟筋骨穴處，隨勢再邁出。同時裹右手貼外左臂下穿出，右臂挑勁，左臂壓勁，兩手心全朝上，兩臂肘下穿出滾按勁，隨勢掌落平成為單換掌式。

1. 掩肘立掌

扣步雙膝緊閉，緊背含胸，扭膝合胯，裹勁，力到手肘。（圖 5-42、圖 5-43）

【勁力】塌腰、溜臀，頂膝、鬆肩、墜肘，砍削勁。

圖 5-42　　　　　　　　圖 5-43

2. 塌　掌

反背臉，雙掌上下對撐，頭頂、鬆肩，氣沉丹田。（圖 5-44）

圖 5-44

【勁力】上下對撐，背身下塌勁。

3.穿　掌

扣步雙膝相對，塌腰坐胯，前肩變作後肩行，手心上穿挑壓勁。（圖 5-45、圖 5-46）

圖 5-45

圖 5-46

【勁力】手臂擰裹肩腰勁。

4. 懶龍翻身

全身放鬆舒展。（圖 5-47）

【勁力】腕肘臂腰膝身肩勁。

圖 5-47

5. 烏龍纏柱

全身鬆墜。提膝，腳尖內扣。（圖 5-48、圖 5-49）

【勁力】圍截暗發勁。

6. 海底撈月

雙手反掌由背脊下插，順勢臂腰胯扭轉。（圖 5-50、圖 5-51）

【勁力】坐腰鬆肩伸臂勁。

圖 5-48

圖 5-49

圖 5-50

圖 5-51

圖 5-52

7. 二郎擔山

鬆肩臂長伸。（圖5-52）

【勁力】丹田勁。

8. 提步外塌掌

塌腰坐胯。（圖5-53、圖5-54）

【勁力】手臂脊背對撐勁。

圖 5-53

圖 5-54

9. 換　掌

接穿、挑、滾、按，歸單換掌。

第六式　背身掌

老譜曰：

背身掌起式於單換掌。裏左腳直邁，外右腳扣邁。上身空胸拔頂，舌舐上齶。腰身往下坐，沉肩墜肘，前手掌伸出與眉齊，眼瞧虎口，前左手塌腕，五指回反二指搆目，虎口要圓，兩眼不離前手。後右手不離前臂肘，後右肘不離心口，後手肘掩心，指掌朝前跟，前後兩手共成一團神，兩臂抱緊不散神。溜臀合胯，行走如蹚泥，穩如坐轎，轉動如水中漂木。

換式時右腳扣步，腳要成為丁字形，隨勢裏左手掌同時由右肩部又旋出，再裏腳外擺，右手掌由右肩部上穿出，掌心朝上，名為白蛇吐信。隨勢再提左腳，腳護陰襠部，名為金雞獨立勢。後左手隨由下頦奔耳後穿出回指，掌心朝上，名為仙人指路之勢。雙手要平，掌心朝上，名為白鶴展翅。

隨勢兩手回收，左腿撤勁，步隨時落下，兩手掌由手心朝上往懷中撤回，兩手背相靠，大指全朝裏，小指全朝外，由口平往下插，名為一龍分二虎之勢。隨勢兩手掌由插下左右分開後雙掌又外塌，名為二郎擔山之勢。

隨勢上後右腿，後手隨腿同上。後右腳提於前左腳足跟筋骨穴處，掌隨勢往左腋下穿，掌心朝上，小指貼心胸，大指朝外，手臂肩擰勁向左肩內鑽。上後步，左手心朝上，小指上反，左手心朝下，雙手擰滾螺絲勁擰滾成雙手心全朝上，右手挑勁，左手壓勁，左手隨緩緩回撤，左手撤到右肘處，左右兩肘下沉，內含抱勁，別散勁，歸於單換掌。

1.掩肘立掌

扣步雙膝緊閉，緊背含胸，扭膝合胯，裏勁，力到手肘。（圖 5-55、圖 5-56）

【勁力】塌腰、溜臀，頂膝、鬆肩、墜肘，砍削勁。

圖 5-55　　　　　　　圖 5-56

圖 5-57

2.塌　掌

反背臉，雙掌上下對撐，頭頂、鬆肩，氣沉丹田。（圖 5-57）

【勁力】

上下對撐，背身下塌勁。

3. 仙人指路

緊背空胸，胯向下坐，勁從腿生，肩、腰、胯與手穿滾，螺絲勁前穿，協調一致。

手分陰陽，腳分虛實，緊背塌腰，十趾抓地，出手扭轉。（圖 5-58）

【勁力】左右化招擰轉勁。

4. 獅子揉球

單腿獨立，提腳護襠，手腳齊到方為真。（圖 5-59、圖 5-60）

圖 5-58

圖 5-59

圖 5-60

【勁力】上下翻轉裏抱勁。

5. 白蛇吐信

兩肘相對。（圖5-61）

【勁力】鬆肩緊背合肘勁，蹬用手足整掌勁。

圖5-61

6. 怪蟒翻身

前後伸開腳踢平，單腿獨立，全身放鬆舒展。（圖5-62）

【勁力】翻用腰膝身肩勁。

7. 一龍分二虎

雙手背相貼，由下頜下插，腰腿成馬步，頭頂、肩鬆、背圓。（圖5-63、圖5-64）

【勁力】鬆墜圓撐抖動勁。

圖 5-62

圖 5-63

圖 5-64

圖 5-65

8. 二郎擔山

雙手掌朝外，外塌。身體中正，頭頂，氣沉丹田，擔山之勢。（圖 5-65）

【勁力】鬆肩臂長伸丹田勁。

9. 提掌掖物

後腳提至脛骨處。（圖 5-66）

【勁力】陰陽翻轉掌根勁。

圖 5-66

10. 換　掌

接鑽、穿、擰、滾、沉、按，歸單換掌式。

第七式　轉身掌

老譜曰：

此式右轉圈法，左裏腳直邁，右外腳扣步，裏左手掌隨掩肘，左手肘尖對心口，左手掌心朝外，左手小指對口，左手大指朝外。隨擺邁左腳，前左臂滾肘、外推，隨同左掌外塌，名為青龍探爪。

大指朝下，小指上反，掌臂與肩平，肘用滾按勁，掌用按塌勁。隨勢上後右腳。右手順勢穿出，手與右腳齊，手腳齊去。隨勢擺左腳，左手撤回，小指貼胸，手指朝上，形如老僧托缽，大致朝外。

隨勢右手漫頭用掌蓋出。右腳同時也邁出，名為老雕尋食。隨勢後左揉身化勢回轉指穿，名為鷂鷹穿林。隨勢左手撐勁掌朝外，大指朝下，小指上反，名為大鵬展翅。

隨勢左臂裏撐勁，後右腳隨勢上步，腳尖提於左腳跟筋骨穴處。右手掌大指貼心胸，肩推肘，肘推手，往左臂腋下撐鑽，兩手掌心朝下，右手穿到左臂肘下，兩臂撐勁，兩手掌心全朝上，右手挑勁，左手壓勁，由壓勁往下按，左手隨緩緩下撤，左手掌撤到右肘處往下按，兩手兩臂用滾按勁。空胸，拔頂，緊背，氣沉丹田，歸於單換掌式。

1. 掩肘立掌

鬆肩墜肘，塌腰合胯，扣步雙膝緊閉，緊背含胸，扭膝合胯，裏勁，力到手肘。（圖 5-67、圖 5-68）

【勁力】砍削勁。

圖 5-67　　　　　　　　　圖 5-68

2. 塌　掌

反背臉，雙掌上下對撐，頭頂、鬆肩，氣沉丹田。（圖5-69）

【勁力】上下對撐，背身下塌勁。

圖 5-69

3. 穿掌（仙人指路）

手掌自然分開，前手與眉齊，後手在前肘下沉，雙手裏抱力。（圖 5-70）

【勁力】左右化招指點變化擰轉勁。

圖 5-70

圖 5-71

4. 老鷹尋食

前手位於腦門處，起到領手作用，不可過高過低。後手貼脊背，掌心朝外。屈腿擰腰胯。（圖 5-71）

【勁力】手腕臂扭扣掌心食指勁。

圖 5-72

5. 纏頭繞身

背靠，腰坐，腿屈，十趾抓地。（圖 5-72）

【勁力】

含胸裹轉，圍截暗發勁。

6. 鷂鷹穿林

下勢要低，上手帶手，下手擰穿，手心朝後。（圖 5-73）

【勁力】

體柔敏捷縮小勁。

圖 5-73

圖 5-74

圖 5-75

7. 大鵬展翅

頭頂，肩鬆，兩手心朝外對撐，目視前掌，塌腰胯，後腿蹬勁。（圖 5-74、圖 5-75）

【勁力】

肩鬆雙臂抖彈勁。

8. 葉底藏花

胸空，腳下虛實步。（圖 5-76）

【勁力】

兩肱雙臂轉腰裏抱勁。

圖 5-76

第八式　磨身掌

老譜曰：

起式單換掌。此勢轉法同樣，裏腳直邁，外腳扣行走，上身不動，下身膝下兩相交，成為剪子股形，名為剪子腿。空胸拔頂走，起步如蹚泥，穩如坐轎，形如漂浮木，腿曲腳直，往前伸行。

起勢頭頂項直，項直氣順，舌舔上齶，運用任督二穴脈，又曰運動用金津玉液，二穴生出精液即唾液滿口，項直津液滿口，三翻九轉。

換掌換式時，津液隨緩緩下嚥，引真氣歸於丹田泥丸宮室。運用前手頂、頭頂、舌頂。起式走轉時，步法走圈要圓。

譜云：步法圈圓八方全，東西南北任周旋。引物進入八方陣，想要逃脫難上難。掌出手伸虎口圓，掐托塌按勁齊全，抓摳挶攥緊相連。帶拿端捧雙圓用，推撩掤撞勁中圓，運招動勢身法圓，腰撐背緊臂能鑽，隨膝合胯腰找足，抽身換式不離圈，直去直來勁不足，走翻撐穿鑽勁圓。

總而言之，盤招過手，運招動勢不能離開鑽撐翻穿等勁。鑽撐翻穿勁，乃三圓之圓之真術也（三圓：步法圓，掌開虎口圓，運功身法圓）。以上三圈備齊，乃八卦掌之真術也。

起式又有行走轉動，抽身換勢，兩手掌心要空。掌心空，能使掌心發出吸引之氣與力，左右手十指能發出捉拿之

力。運招動勢、動靜，兩足腳心要空，腳心空，腳跟與腳十趾抓地，如同平地栽樁生根，千斤墜地，泰山之穩。

又心胸要空，心胸空，達到動中求靜，心淨神意清；神意清，萬法事物心中生，盤招過手運招化勢，進退顧盼定，遇事靜動法更明，心為君王把主定，不怕萬馬千軍精兵攻。運用此三空，乃手掌法，掌心空；動靜法，腳心空；動靜生化，心中空。

以上三空，具備內心力、外筋骨。心神意念氣中力功，全掌，全勢更精神明。

1. 如來淨坐靈雲殿

頭頂鬆肩，沉肘下坐腰，雙手掌心朝裏，前腳擺步，臀部坐於後腳跟上。（圖 5-77、圖 5-78）

【勁力】擺步淨坐腎肝勁。

圖 5-77   圖 5-78

圖 5-79

2. 雙手索玉帶

起式雙掌心朝外，由兩胯到兩肋提起再擺步轉身。（圖 5-79）

【勁力】兩臂擰翻鎖合勁。

3. 纏頭繞身

腳分虛實，縮身反手。（圖 5-80、圖 5-81）

【勁力】

含胸圍截暗發勁。

圖 5-80

圖 5-81

4. 背插掌

手心朝後，手背貼脊背，下插至尾閭。（圖 5-82）

【勁力】

頭頂、鬆肩、塌腰、手背，掌心勁。

圖 5-82

5. 蜻蜓點水

反背回身，手朝下反擰點水勢，腳仆步，腿下中蹲。（圖 5-83）

【勁力】

擰腰胯反臂指點勁。

圖 5-83

6. 老鷹斜飛式

前手高，後手低。（圖 5-84）

【勁力】腿蹬擰臂雙撐勁。

7. 提　掌

後腳提至脛骨處。（圖 5-85）

【勁力】提腳手掌外翻勁。

圖 5-84　　　　　　　　圖 5-85

8. 換　掌

接穿、挑、壓、領，歸單換掌。

八卦

六十四手

此八卦六十四手是老前輩劉德寬先生所傳，為老先生用一生心血凝聚而成，是把自己本門精華與八卦掌的技擊變化合為一體（劉德寬先習六合門功夫，後又投拜董海川門下），在實踐中總結出的六十四手。

程廷華與劉德寬等人為結拜兄弟，兄弟幾人互傳拳藝並傳授門下弟子，故本門一直留傳了劉德寬的六十四手拳技。共分八手相聯，從實戰技擊出發，一手緊似一手，每八手的最後一手更為嚴緊無縫，使敵方不能還招。八卦掌其他門派也有習此六十四手，所傳略有不同之處。

第一趟

1. 進步挑打　　2. 獅子揉球　　3. 纏肘掖撞
4. 臥虎跳澗　　5. 肘底進捶　　6. 反背劈捶
7. 雙鞭壓肘　　8. 進步截肘

第二趟

9. 青龍探爪　　10. 抹袖連捶　　11. 雲龍獻爪
12. 撥雲見日　　13. 拍胸撲肘　　14. 轉身頂肘
15. 貫耳穿捶　　16. 惡虎扒心

第三趟

17. 進步團撞　　18. 白猿獻桃　　19. 風輪反肘
20. 仙人觀棋　　21. 金絲抹眉　　22. 玉女穿梭
23. 退步牽羊　　24. 霸王送客

第四趟

25. 走馬回頭　26. 二仙傳道　27. 翻身劈捶

28. 野馬撞槽　29. 大鵬展翅　30. 白袍割草

31. 周倉扛刀　32. 劉全進瓜

第五趟

33. 脫身化影　34. 捋手蹁踩　35. 進步撞捶

36. 迎面彈膝　37. 掃耳單捶　38. 反背衝捶

39. 天王托塔　40. 王母拐線

第六趟

41. 插花掖肋　42. 單鳳投巢　43. 挫腿外踩

44. 掩肘推山　45. 纏肘擺蓮　46. 轉身擂腰

47. 猿猴爬杆　48. 彎弓射虎

第七趟

49. 千斤墜地　50. 日月並行　51. 金蟬脫殼

52. 依山擠靠　53. 捋手膝撞　54. 懶龍臥枕

55. 扭手提撩　56. 進步塌掌

第八趟

57. 似龍取水　58. 懷中抱月　59. 仙人簸米

60. 捋手戲珠　61. 張飛蹁馬　62. 片旋兩門

63. 風輪劈掌　64. 孤雁出群

第一趟

1.進步挑打（圖6-1～圖6-3）

進步挑打把敵追，掩起敵手力前推，

一挑一塌陰陽掌，前腳先行後步摧。

圖6-1

圖6-2

圖6-3

2. 獅子揉球（圖 6-4 ～ 圖 6-6）

　　獅子揉球黏肘行，揉壓雙掌打正中。

　　落步拘足使剪腿，手腳齊發後足撐。

圖 6-4

圖 6-5

圖 6-6

3. 纏肘掖撞（圖 6-7 ～ 圖 6-9）

纏肘掖撞纏腕衝，托肘前行力下攻，

此式續力跟小步，手隨步會能成功。

圖 6-7　　　　　　　圖 6-8

圖 6-9

4. 臥虎跳澗（圖6-10～圖6-12）

臥虎跳澗縱身軀，捋腕縱步拳衝擊，

打到敵方印堂穴，拳著彼身力後續。

圖6-10

圖6-11

圖6-12

5. 肘底進捶（圖6-13~圖6-15）

　　肘底進捶掩肘行，跟上半步把拳衝，

　　急出炮拳脆快硬，此拳靈妙鬼神驚。

圖6-13

圖6-14

圖6-15

6.反背劈捶（圖6-16～圖6-18）

反背劈捶掛手捶，引進落空敵難回，

滾手反背用力劈，奮勇向前把彼追。

圖6-16　　　　　　　　圖6-17

圖6-18

7. 雙鞭壓肘（圖 6-19、圖 6-20）

雙鞭壓肘把敵擒，捋手上步側身進。

我肘把敵肘壓下，轉身齊到敵呻吟。

圖 6-19

圖 6-20

8. 進步截肘（圖 6-21、圖 6-22）

進步截肘向前伸，須手擺腕步前紮。

運用翻塌大截臂，送敵歸西不是誇。

圖 6-21

圖 6-22

第二趟

9.青龍探爪（圖 6-23 ～ 圖 6-25）

青龍探爪迎面抓，半步箭足腰不塌。

左替右兮右還使，先戳後塌拳更佳。

圖 6-23　　　　　　　　　圖 6-24

圖 6-25

10. 抹袖連捶（圖 6-26 ～ 圖 6-28）

抹袖連捶跟步崩，撣腕翻拳向前奔。

拳使鑽穿彈抖力，前腳先衝後腿蹬。

圖 6-26　　　　　　　　圖 6-27

圖 6-28

11. 雲龍獻爪（圖 6-29 ～ 圖 6-31）

雲龍獻爪擊膻中，挑掌下塌步跟衝，

後手先用指戳敵，戳到再塌力更重。

圖 6-29　　　　　　　　圖 6-30

圖 6-31

12. 撥雲見日（圖 6-32 ~ 圖 6-34）

撥雲見日掩肘鑽，擰身上步把手翻。

肘下出拳多一徑，敵方難防我已穿。

圖 6-32　　　　　　　圖 6-33

圖 6-34

13. 拍胸撲肘（圖 6-35 ~ 圖 6-37）

拍胸撲肘力更佳，橫身進步拍手壓。

肘找肘兮橫外使，反拿關節誰都怕。

圖 6-35

圖 6-36

圖 6-37

14. 轉身頂肘（圖 6-38 ～ 圖 6-40）

轉身頂肘肘曲使，擺步轉身腰手直，

丹田發力摧肩行，制敵之勝招可施。

圖 6-38　　　　　　　　　圖 6-39

圖 6-40

15. 貫耳穿捶（圖6-41～圖6-43）

貫耳穿捶須步追，前手擺打後臂揮，

力貫後掌擊掌去，順打太陽是此捶。

圖6-41　　　　　　　　　　圖6-42

圖6-43

16. 惡虎扒心（圖6-44～圖6-46）

惡虎扒心雙手出，前撲後跟衝敵處，

猶如惡虎撲食勇，撲扒彼身敵無主。

圖6-44　　　　　　　　　圖6-45

圖6-46

第三趟

17. 進步團撞（圖 6-47 ~ 圖 6-49）

進步團撞剪足衝，雙手一齊向前擁，

手著敵身再發力，掌壓坐腰側身巧。

圖 6-47

圖 6-48

圖 6-49

18.白猿獻桃（圖 6-50 ~ 圖 6-52）

白猿獻桃雙掌托，跟上半步向前挫。

鬆肩屈肘掌上衝，打敵仰齶不誇說。

圖 6-50　　　　　　　　圖 6-51

圖 6-52

19. 風輪反肘（圖 6-53、圖 6-54）

風輪反肘轉身頂，順式扣擺法未停。

腰腿隨胯未用力，雙肘曲發哼哈挺。

圖 6-53　　　　　　　　圖 6-54

20. 仙人觀棋（圖 6-55 ～ 圖 6-57）

仙人觀棋雙手扒，上步奮起勇身殺。

十字架手多變化，揉住雙肩用力扒。

圖 6-55　　　　　　　　圖 6-56

圖 6-57

21. 金絲抹眉（圖 6-58、圖 6-59）

　　金絲抹眉捋手抓，穿掌換手向後掛。

　　伸手抹眉自落難，定步穩使誰都誇。

圖 6-58

圖 6-59

22. 玉女穿梭 （圖 6-60 ～ 圖 6-62）

玉女穿梭軟肋削，一上一下似抱梭。

上橫下砍腰發力，掌到腋下用力剎。

圖 6-60　　　　　　　圖 6-61

圖 6-62

23. 退步牽羊（圖 6-63 ~ 圖 6-65）

　　退步牽羊雙手尋，此招用好變化多。

　　纏住敵手向後牽，坐腰坐胯無奈何。

圖 6-63　　　　　　　　　　圖 6-64

圖 6-65

24. 霸王送客 (圖 6-66 ~ 圖 6-68)

霸王送客是一絕，上壓下托向上扽。

續力上步拿槍式，此式用嚴實難解。

圖 6-66　　　　　　　　　　圖 6-67

圖 6-68

第四趟

25. 走馬回頭（圖 6-69 ~ 圖 6-72）

走馬回頭閃展撐，轉身藏鋒再前塌，

看準時機返身去，捋手回拳太陽間。

圖 6-69　　　　　　圖 6-70　　　　　　圖 6-71

圖 6-72

26.二仙傳道（圖6-73～圖6-75）

二仙傳道跟步行，雙手腕打身前傾，

腰腿肩手齊用力，神仙也要把心驚。

圖6-73

圖6-74

圖6-75

27. 翻身劈捶（圖6-76～圖6-79）

翻身劈捶急又快，擺步轉身拳太怪，

後手護肋前手劈，力在前肩掄劈帶。

圖6-76　　　　　圖6-77　　　　　圖6-78

圖6-79

28.野馬撞槽（圖6-80、圖6-81）

野馬撞槽猛又凶，搖身一晃膀先攻，

混元一氣腰發力，左顧右盼稱英雄。

圖 6-80

圖 6-81

29. 大鵬展翅（圖 6-82 ～ 圖 6-84）

大鵬展翅向天飛，兩手對換掌前追，

扭步腰隨力必達，前肘橫使後肘墜。

圖 6-82

圖 6-83

圖 6-84

30. 白袍割草（圖 6-85、圖 6-86）

白袍割草上截肘，前肘橫切後手将，

扭腰吸胯定步使，力達彼方他必走。

圖 6-85

圖 6-86

31. 周倉扛刀（圖 6-87 ～ 圖 6-89）

周倉扛刀肘上托，扣步轉身力前挫，

拿牽彼手肘扛使，兩力左右勿施錯。

圖 6-87

圖 6-88

圖 6-89

32. 劉全進瓜（圖6-90～圖6-92）

劉全進瓜定步鑽，乘敵不備拳已翻。

仙傳萬安進俱去，續上半步力更堅。

圖6-90　　　　　　　圖6-91

圖6-92

第五趟

33. 脫身化影（圖 6-93 ～ 圖 6-95）

脫身化影引敵追，敵人進招把掌回。

挫身矮式把掌塌，掌擊胃脘發實力。

圖 6-93　　　　　　　　　　圖 6-94

圖 6-95

34. 捋手蹁踩（圖 6-96、圖 6-97）

捋手蹁踩把身矮，腳踩膝出臂回帶，

腳蹁腿成剪子形，腳使橫出把膝踩。

圖 6-96

圖 6-97

35. 進步撞捶（圖6-98、圖6-99）

進步撞捶跟式追，左擂右出崩拳為，

沉肩墜肘腰臂摧，打敵胸下胃嘴齊。

圖6-98

圖6-99

36.迎面彈膝（圖6-100～圖6-102）

迎面彈膝腳尖扦，左右雙手捋臂肩。

腳曲腳繃膝胯力，彈敵膝蓋三厘間。

圖6-100　　　　　　　　圖6-101

圖6-102

37. 掃耳單捶（圖 6-103、圖 6-104）

掃耳單捶兩鬢隨，彈膝之腳隨撤回，

左臂掩肘捋敵臂，趁勢太陽耳從捶。

圖 6-103

圖 6-104

38. 反背衝捶（圖 6-105、圖 6-106）

反背衝捶上步鑽，後腳蹬力斜衝拳。

左手将臂往下按，衝捶拳打下顎間。

圖 6-105

圖 6-106

39. 天王托塔 (圖 6-107、圖 6-108)

天王托塔奔下頦，左手托頦右手挌，

斜身上步臂撐力，連托帶掐衝樓閣。

圖 6-107

圖 6-108

40. 王母拐線（圖 6-109 ～ 圖 6-111）

王母拐線金絲纏，反勢壓肘轉腰肩。

連崩帶壓敵隨轉，敵臂不折身倒翻。

圖 6-109　　　　　　圖 6-110

圖 6-111

第六趟

41. 插花掖肋（圖6-112～圖6-114）

插花掖肋敵難明，掌隨臂滾肋下橫。

上插下掖乾坤手，敵人挨打勢難明。

圖6-112

圖6-113

圖6-114

42. 單鳳投巢（圖 6-115、圖 6-116）

單鳳投巢拳直衝，左右蓋掌上步攻，

鳳凰展翅捆敵臂，投巢拳打泥丸宮。

圖 6-115

圖 6-116

43. 挫腿外跺（圖 6-117、圖 6-118）

挫腿外跺腳橫用，雙手抒臂腳進攻。

兩腿形成剪子股，腳跺敵人腿腋中。

圖 6-117

圖 6-118

44. 掩肘推山（圖 6-119～圖 6-121）

掩肘推山把胸含，雙臂裏裏雙肘黏，
隨勢上步雙臂展，掩肘雙掌打胸前。

圖 6-119　　　　　　　　圖 6-120

圖 6-121

45. 纏肘擺蓮（圖 6-122、圖 6-123）

纏肘擺蓮把臂扦，敵臂纏住回勢難，

纏住敵臂抐手帶，上步擺蓮踢背肩。

圖 6-122

圖 6-123

46.轉身擂腰（圖6-124～圖6-126）

轉身擂腰身要旋，撤步抽身畫整圈。

橫掃七軍單捶用，拳擂雙腎腰肋間。

圖6-124   圖6-125

圖6-126

47. 猿猴爬杆（圖 6-127 ~ 圖 6-129）

猿猴爬杆内捋肘，手捋肘腕下坐腰。

趁勢太公反抱杆，下按上搬折其肘。

圖 6-127　　　　　　圖 6-128

圖 6-129

48. 彎弓射虎（圖 6-130、圖 6-131）

彎弓射虎反腕推，陰陽雙手緊相隨。

雙臂用力胯亦隨，肘不脫臼臂敵捌。

圖 6-130

圖 6-131

第七趟

49. 千斤墜地（圖 6-132、圖 6-133）

千斤墜地手拌臂，跟步上勢身外墜。

剪子腿形下坐腰，敵人前栽嘴啃泥。

圖 6-132

圖 6-133

50. 日月並行（圖 6-134、圖 6-135）

日月並行雙手捧，跟步進招掌上攻。

進步連腿膝撞頂，日月雙掌撞肩胸。

圖 6-134

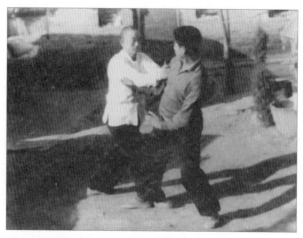

圖 6-135

51. 金蟬脫殼（圖 6-136～圖 6-138）

金蟬脫殼盼手打，上托下按身靠壓。

上步斜身絆敵腿，仙人指路上穿塌。

圖 6-136　　　　　　圖 6-137

圖 6-138

52. 依山擠靠（圖6-139、圖6-140）

依山擠靠近腰身，進步隨勢肩胸跟，

靠打斜身足蹬力，依山擠靠腋肋尋。

圖6-139

圖6-140

53. 捋手膝撞（圖6-141、圖6-142）

捋手膝撞跟勢追，跟步上勢把腿提，

金絲纏手用膝撞，膝撞肋骨快要急。

圖6-141

圖6-142

54. 懶龍臥枕（圖 6-143、圖 6-144）

懶龍臥枕進步跟，雙足蹬力腰胯伸。

跟勢半步斜身進，肩扛頭頸打胸肩。

圖 6-143

圖 6-144

55. 扭手提撩（圖 6-145 ~ 圖 6-147）

扭手提撩邁步過，反手撩腕正托肘。

右提左撩兩臂力，隨勢長身往外撮。

圖 6-145　　　　　　　圖 6-146

圖 6-147

56. 進步塌掌（圖 6-148 ~ 圖 6-149）

進步塌掌半步跟，撩掌變塌擊步進，

沉肩墜肘塌前掌，形如劈拳肩腋奔。

圖 6-148

圖 6-149

第八趟

57. 似龍取水（圖 6-150 ～ 圖 6-152）

似龍取水掌搓面，左手下抙臂向前。

吸胯進身伸前手，指戳掌搓打敵面。

圖 6-150　　　　　　　圖 6-151

圖 6-152

58.懷中抱月（圖6-153、圖6-154）

懷中抱月變化快，金絲纏腕懷中帶，

坐腰沉肩挩撐端，敵臂不折必掰壞。

圖6-153

圖6-154

59. 仙人簸米（圖 6-155 ~ 圖 6-157）

　　仙人簸米進步跟，雙手将腕進腰身。

　　擊步長身撩雙手，敵人身倒面朝天。

圖 6-155

圖 6-156

圖 6-157

60. 捋手戲珠（圖 6-158、圖 6-159）

捋手戲珠手奔眼，上步反手捋敵腕。

左捋右腕右手出，二指戳目追眼珠。

圖 6-158

圖 6-159

61. 張飛蹁馬（圖6-160～圖6-163）

張飛蹁馬左腳擺，金絲纏腕剪子腿。

隨招右腳橫端出，臥牛伸蹄端軟肋。

圖6-160

圖6-161

圖6-162

圖6-163

62.片旋兩門（圖 6-164～圖 6-166）

片旋兩門削帶砍，斜身長臂動腰身。

進招撩腮咽喉前，回掌砍頭耳根帶。

圖 6-164

圖 6-165

圖 6-166

63. 風輪劈掌（圖 6-167、圖 6-168）

風輪劈掌轉腰身，轉身上步雙臂掄。

前劈後砍臂掌力，劈砍鎖骨有帶連。

圖 6-167

圖 6-168

64. 孤雁出群（圖 6-169～圖 6-172）

孤雁出群隨勢進，進招矮身掌前伸。

右手提撩疾步跟，掌撞腋肋丹田勁。

圖 6-169

圖 6-170

圖 6-171

圖 6-172

九宮掌

九宮掌說

九宮連環步是八卦掌套路中的上乘功夫，由程先師細心揣研，彙集編整留傳於後代徒子徒孫。此練法周身一致，剛柔相濟，一氣貫通，姿勢連綿，極其美觀實用，如魚游在碧波中沉浮往來，靈敏自如，活潑不可滯，是一趟舒暢活躍的活步套路，有較高的健身、防身之實用功能，是八卦掌者必須掌握的主要套路之一。

這趟九宮步也是一趟連環掌，自始至終貫穿著一個走字。拳經云：百練不如一走。循環不息的走，能夠強健體魄，使耳目聰明，經絡舒通，周身靈活。如能逐日練習用功，可以達到混元一氣，身如古柏之狀。

九宮步連環步掌式歌訣（部分）

陰陽順逆妙無邊，二至還鄉一九宮，
雲盤留下游身法，秉持真氣繞九宮，
不即不離不停滯，不剛不柔不緊鬆，
此是無極游身法，如魚游在碧波中，
起式扭腰擺步行，獅子揉球轉身行，
上步揉球穿右掌，指日穿梭踏圈行，
到兌形成轉掌式，含胸緊背肩要鬆，
走到正北坎宮位，白蛇伏草轉坎宮，
白蛇出洞奔坤卦，麒麟擔山繞坤宮，
白蛇出洞奔震卦，盤龍轉身繞震宮，

盤龍繞震逆行轉，鳳凰起翅轉巽宮，
中宮先打雙撞掌，撞中再繞中五宮，
中五獅子抱球式，再打雙撞奔乾宮，
乾宮滾球逆行轉，轉畢轉向兌七宮，
兌卦七宮猿獻果，白蛇出洞奔艮宮，
黑熊背觀逆轉艮，白蛇出洞向離衝，
離宮要走琵琶掌，白蛇出洞返艮宮，
黑熊背觀順行轉，白蛇出洞返兌宮，
變式逆行猿獻果，順走揉球轉乾宮，
返回中宮雙簸掌，獅子抱球繞中宮，
繞畢再打雙簸掌，起翅逆轉巽四宮，
順走震三盤龍式，白蛇出洞奔坤宮，
逆行擔山走坤卦，白蛇出洞往坎衝，
白蛇伏草逆轉坎，海底撈月奔乾宮，
騎馬望路橫右拳，金絲探海轉身形，
縮手捲腕拐右肘，旋步後穿擊肋胸，
青龍縮尾往穿掌，還原西北返乾宮，
由始至終要連貫，步活手敏身要靈。

司珍傳九宮掌譜

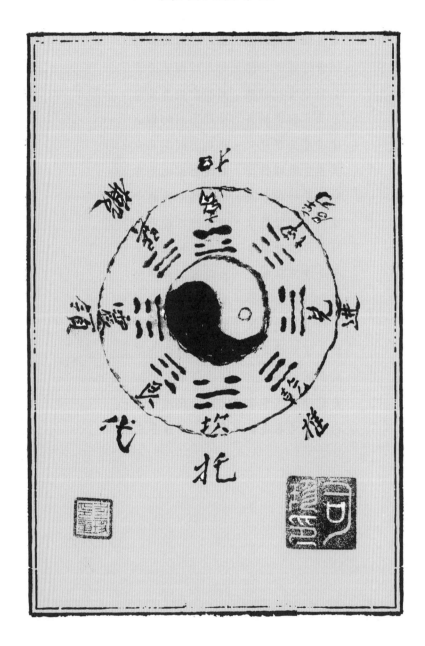

此乃先天之順逆反
生末之圖像也

羲 易乃先天之學。

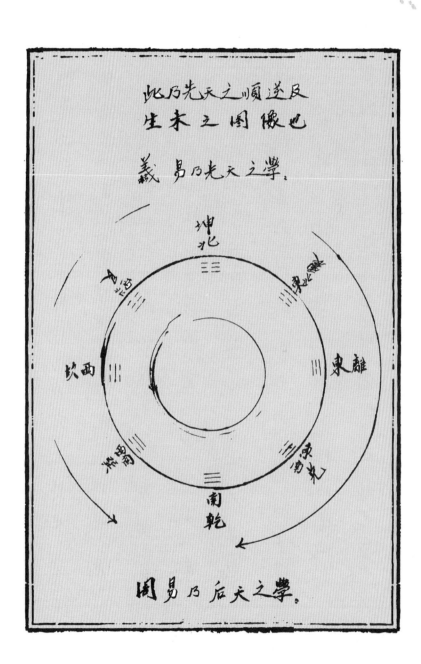

圖易乃后天之學。

起震而離兌，以至乾數，乃己生之卦也，自巽而歷坎艮，以至坤數，乃末生之卦也。為主為順，易之生卦則以乾兌離震巽坎艮坤為次，故曰逆數也。雷以动之，風以散之，雨以潤之，日以晒之，艮以止之兌以說之，乾以君之，坤以藏之。此皆修性之道也。羲卦乃明對待之礼也，文卦乃言流行之用也。譬謂乾健也，坤順也，震动也巽入

此乃先天之卦形也

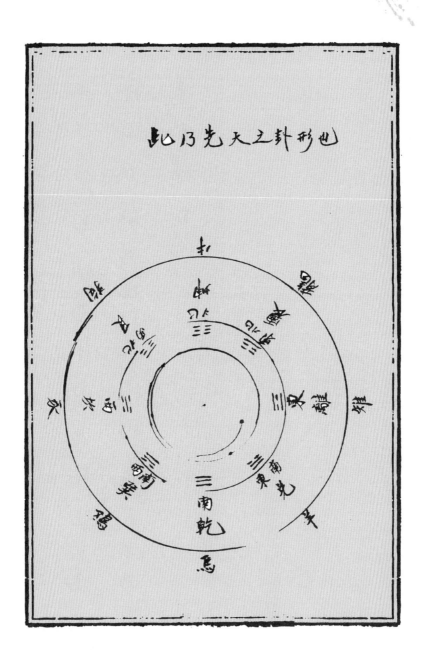

所云乾為馬、坤為牛、震為龍、巽為雞、

坎為豕、離為雉、艮為狗、兌為羊乃

遠取諸物也。

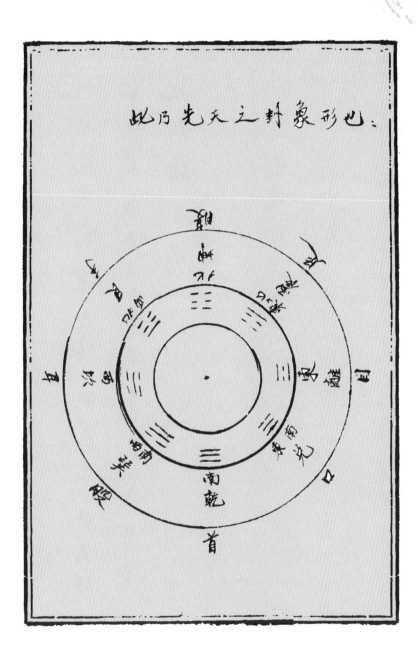

所云乾為首、坤為腹、震為足、巽為股、坎為耳、離為目、艮為手、兌為口、皆

近取諸身也。

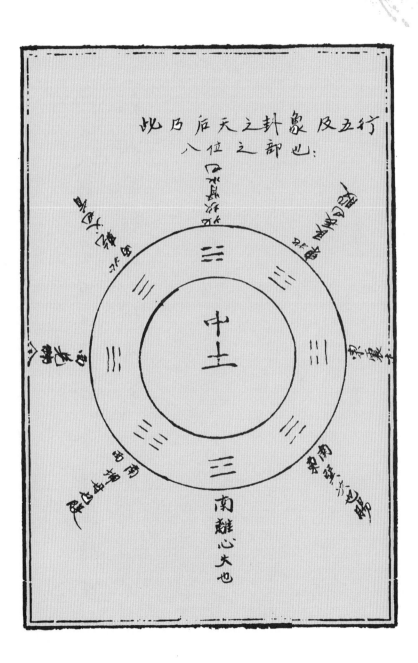

所云八卦八方四正四斜各站其位生趨相從陰陽相濟也。

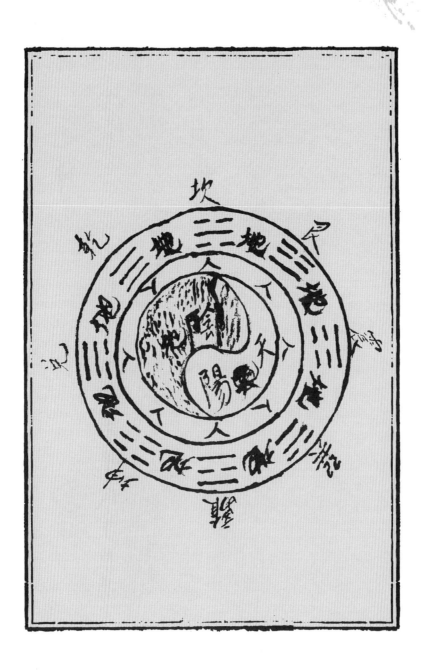

董師云：

所練法天、像地、中為人也。按午換陰，于換陽、

陰陽互換合一配天人地。三才之數、生為

八卦掌法之玄妙也矣

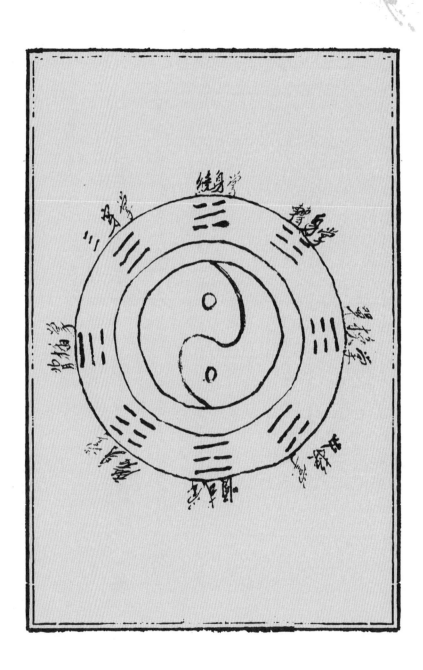

董師云

按骨骸膠固之構，八掌以八方定位之勢，

各代其形之像，為八卦掌法之意炎。

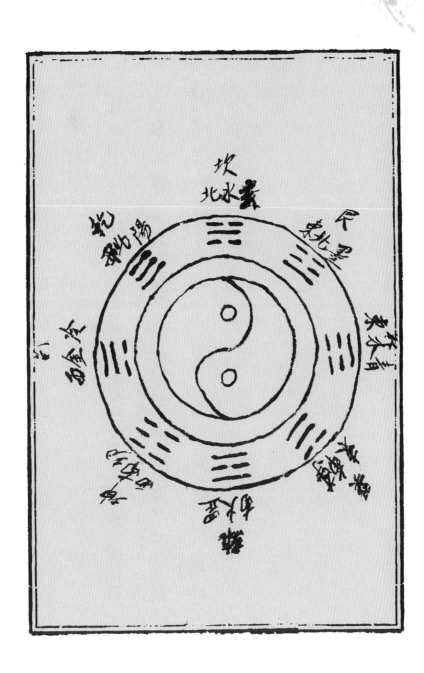

董師云：

按八掌法、以單俸掌、為母掌也、單換勢
生起於東方為寅月、震仰盂純青也、由純
淨中生動化而雙順、廣背穿繞轉規勢
於母矣。

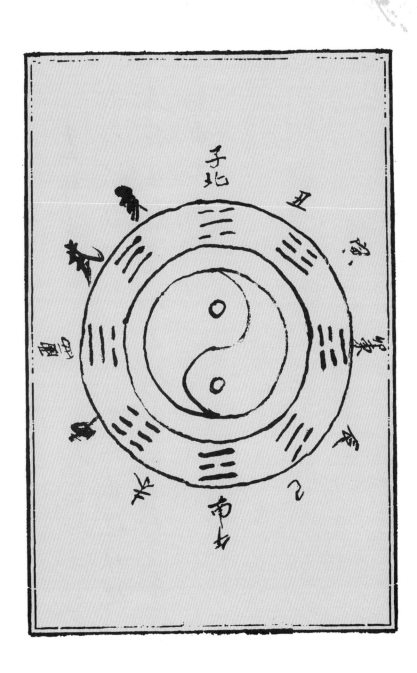

董師云。

按干支法定八掌八方之正位以便應招生剋變化之術矣。為四正子午卯酉之像也。

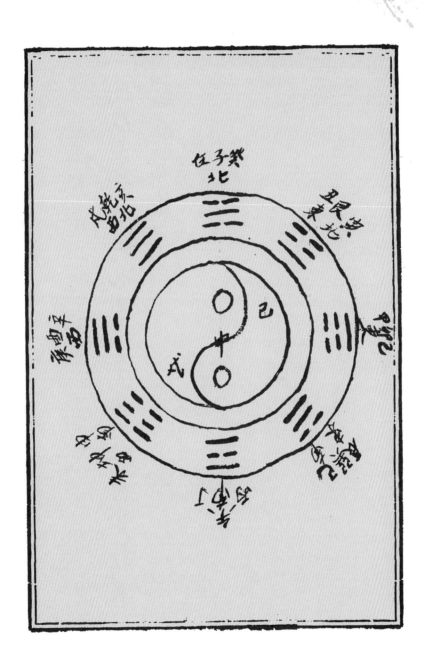

董師云

此乃天盤之術也。由啥干支八卦四余乾艮

巽坤之像也

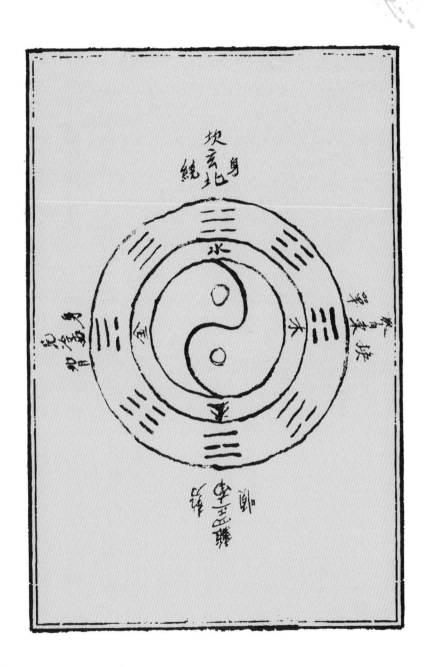

董師云

此圖按四正取形之操練法以便截招用勢

矣。

董師云

此圖據四斜方取形之操練法、以便變招進化勢矣。

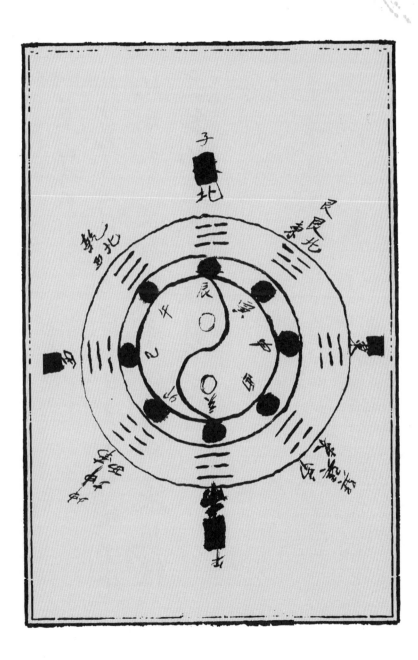

董師云

此乃先天之卦像也、要以先天之林像學術
配后天之技熱等深究細揣删裒相繼
之勢化他人之技勢矣。

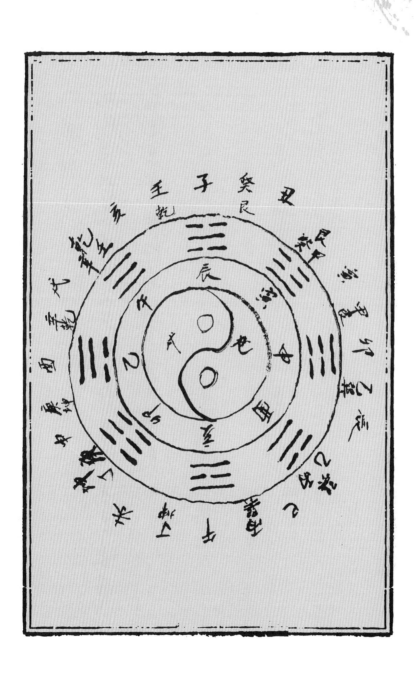

董師云

此卦像乃先天干支五行四相變化掌之練用

法宜深究細揣其端具在其內矣。

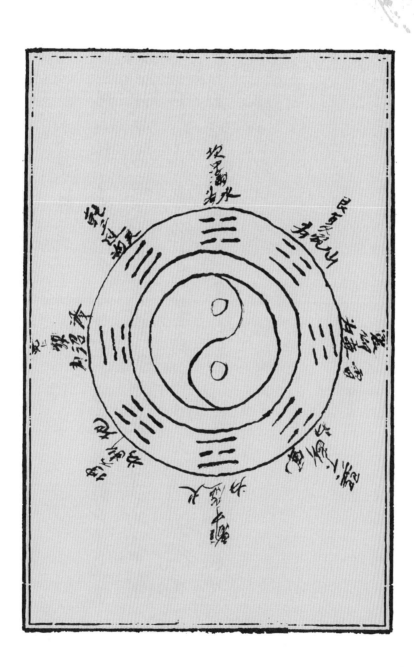

蓋師云：

拨八卦又有八方之位也，八方之位乾三连为天，坎中满为水，艮复碗为山，震仰盂为雷，巽下断为风，离中虚为火，坤六断为地，兑上缺为沼泽也。深究者，八卦中为天地水火，风雷群山沼泽之佳像也。

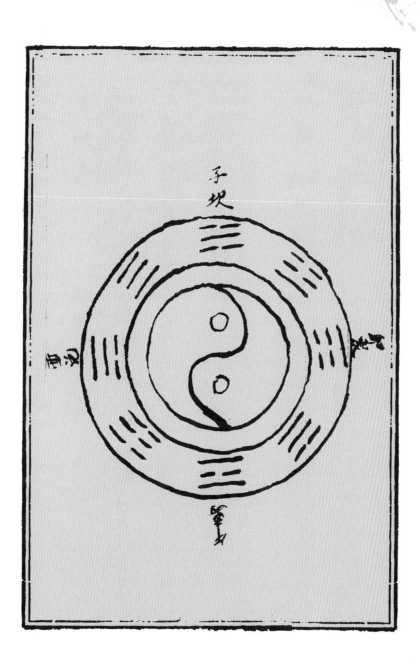

董師云

四正為規即閉坎震離兌，之四正卦配子午卯酉，

之又位，所云四象生八卦乃為此理也。

董師云

按八卦掌法用　圓即周轉絡圓之揮、分為四正

之方配四斜為圓。方元者為規矩也、用坎震离兌、四正配

子午卯酉四支為規、用乾艮巽坤四斜配丑寅辰巳未

申戌亥八支為矩、規矩者地支、外相配八卦者乾坎艮震

巽离坤兌之八方、地支者子丑寅卯辰巳午未申酉戌亥之配

為十二兌月十二兌同為一週年、一週年者三百六十天、

三百六十元者為三百六十度、三百六十度者為混元圖兔。

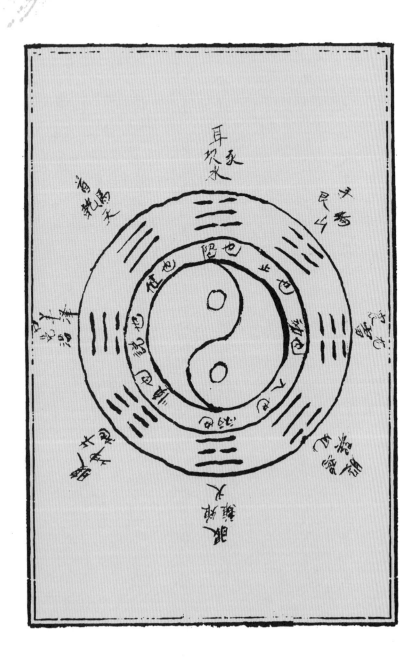

董師云

八卦返回生至对、四象跟隨把武定三才天地人合一

兩儀分一小天地故曰动、动術要有心為元帥、眼為先鋒足為武

馬双手為兵故曰眼有觀查之明神有領守之能，足有

快速之动、手有技擊之巧，又曰外用手眼身法步，内修心

神意念足故曰动術曰眼銳曰身随守心魂曰手準

歌曰掌術先天氣練匀，刚柔相済細狼尋，八卦掌法浅溜

意記不怕狠汉力千斤、

意記不怕猛漢力千斤、

又云八卦變妙要學真、走穿行翻人難進、住他巨力來

打我旋轉變化到彼身、平日要動中淨之操流、行云动

練筋骨皮净練由中氣、要存走穿行翻旋轉變化之功

力、

無極歌云、無彼無象無紛會、一尾神行至道諮

紫透虛包裹弥圍、渾津沌沌无束無涯、

又云　太極原生無极中、渾元一氣感斯通、

先天迷運隨机变、万像包羅易理中、

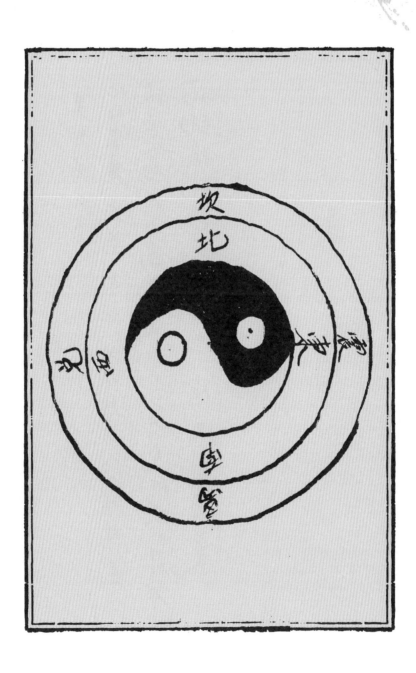

董師云

如乃東震、西兑、南離、北坎、乃為純陰、陽之卦象也。為兩儀矣。又為十二地支配成八卦分成純陰、純陽半之陽半陰之卦象矣。

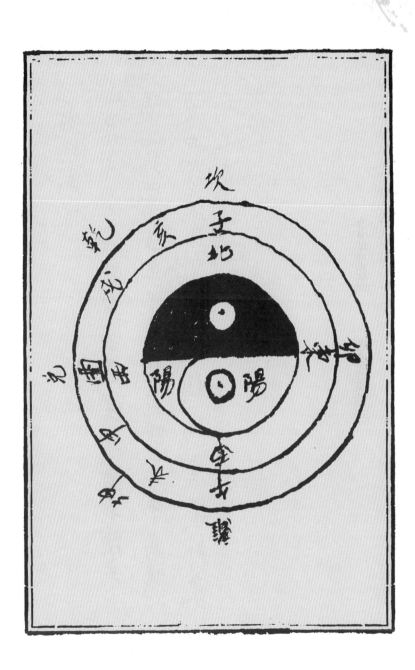

董師云

此乃北子、南午、卯東、由子至午為半陰半

陽之卦也由子至卯為陰、由卯至午為陽

矣、即地之活為代、未、申、酉、戌、亥、子、卦象

為離、坤、兌、乾、坎、矣。

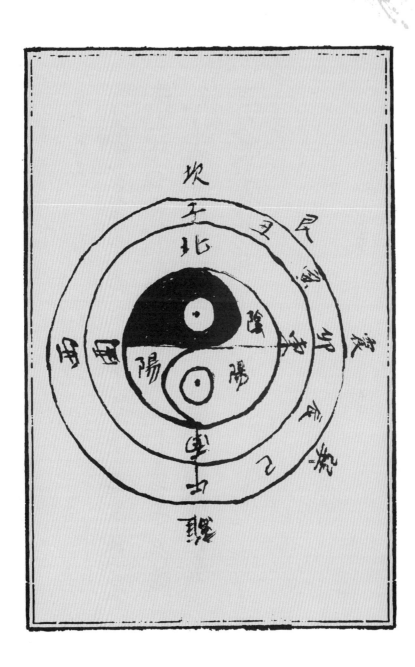

董節云

此乃南午、至北子、酉西、由午至子、為半陽半

陰之卦也由午至雷為陽、由雷至子為陰

矣即地支法為、子丑寅、卯、辰、巳、午也卦象

為坎艮震巽離是

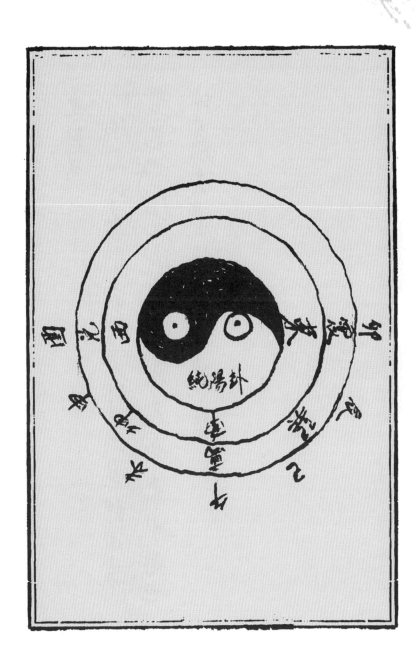

董師云

純陽之卦為青龍，巧由卯、至酉、即由震

至兑也。地支法為卯、辰、巳、午未申酉也

卦象法震巽離坤兑矣。

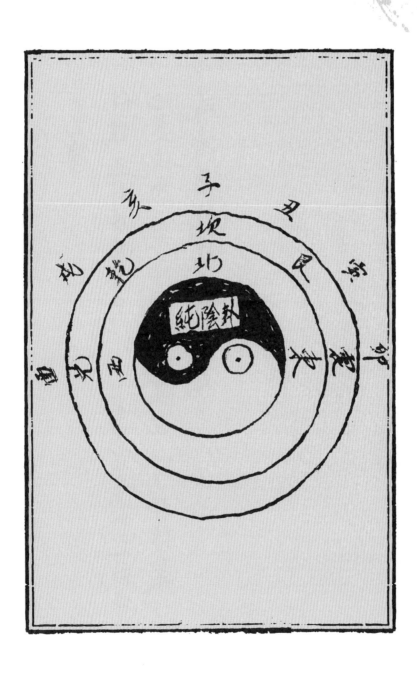

董師云

純陰之卦乃由酉至卯即由兌至震之卦也、
地支清為、酉戌、亥子、丑寅卯也、卦象
清、為兌、乾、坎艮震、是。

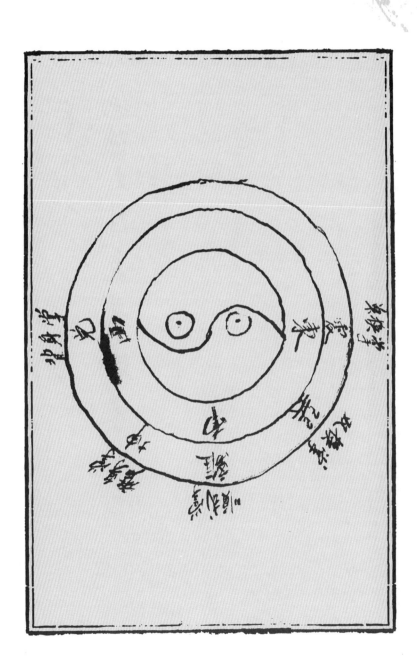

董師云

純陽之卦象、掌法象。

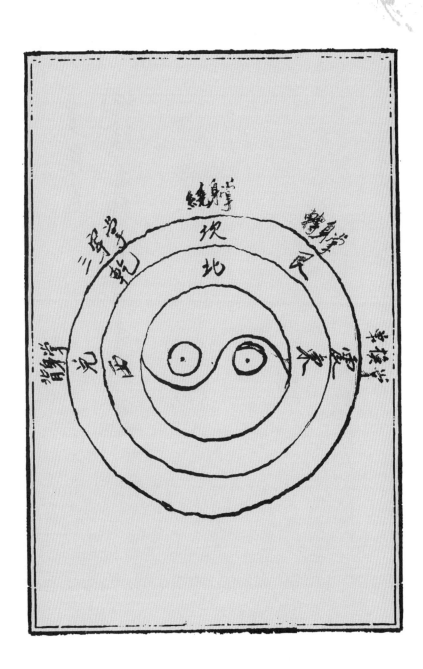

董師云

純陰之卦象、掌法象。

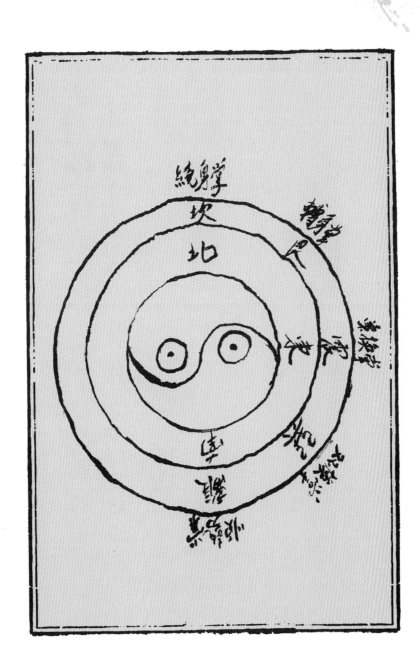

董師云 半陰
半陽之卦象、掌法象。

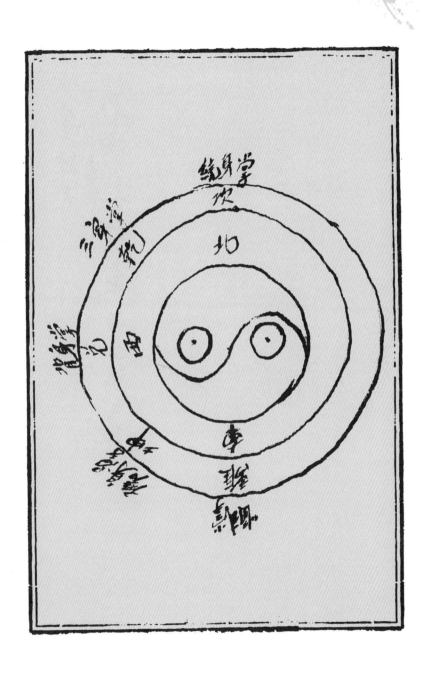

董師云

半陰半陽

半陰之卦象，掌法象。

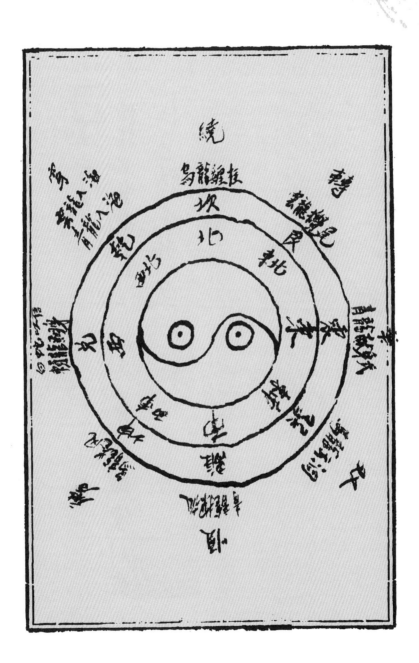

董師云

按程氏龍形之卦象，以足、撲、捋、翻、撞、刓、戟、攔、身法掌勢矣。

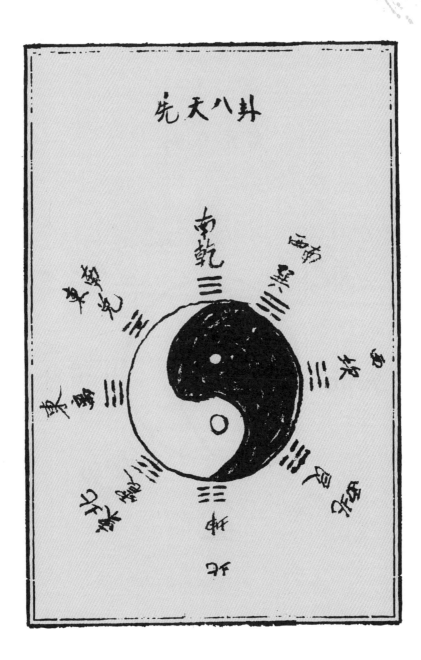

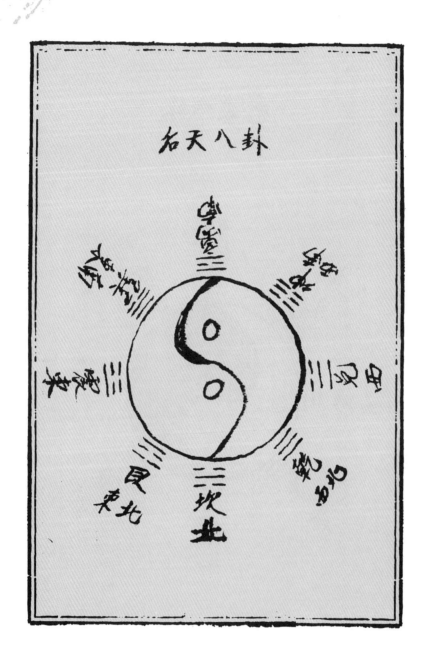

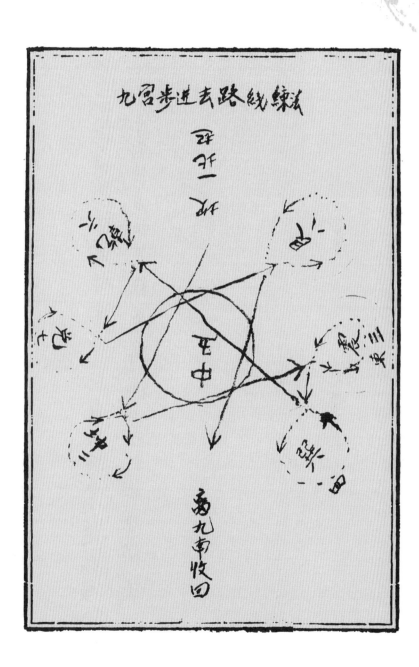

九宮轉法、任意行，不管南北与西東，隨招變

勢在机換，由如浩敫遇群雄，掌打脚踹橫竪

使，不怕千人万馬冲。

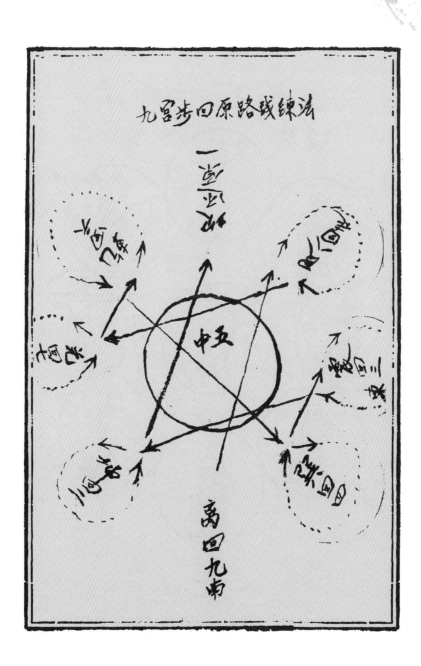

九宮練法、用走裝折翻、串接變化用

八大武掌法、收意走轉、不用足招勢、

老為九宮掌法。

八卦掌操手功

　　操手為八卦門內純功夫練法，需有一定基礎、氣血通暢之後才可操練。不可以拙力練之，用拙力易傷身。練之起強筋壯骨之作用。內含神意氣力之練法，需有明師傳授，不可盲目瞎練。練時，越鬆越好，可練出滲透力。

　　操手功主要包括：打樹、踢樹、打沙袋、負重、雙人對練。

打　樹

1.挑　掌

面對樹以馬步站立，開步雙腳與肩平，腳尖內扣，襠

圖 7-1

圖 7-2

圓、肩鬆、胯鬆，隨腰擰轉。食指微挑，手擰轉以小臂外側擊打，出手不要過高，練習過程中自然呼吸，氣沉丹田。左右一手一換連續擊打，以一手一百下為宜，功深者可以加數。需日積月累，不可急於求成。可用於對敵時接手挑打。（圖 7-1、圖 7-2）

收式時，以自然站立收式。

2. 掩肘立掌

面對樹以馬步站立，開步雙腳與肩同寬，腳尖內扣，襠圓、肩鬆、胯鬆。擰腰帶動小臂（斜向上與地面成 45°），肘尖向下內裏以內側小臂及手掌內側擊打樹幹。左右互換，以一隻手一百下為宜。此手為顧手，顧身前，肘掩心，接敵手護中門。（圖 7-3 ～ 圖 7-5）

收式時，以自然站立收式。

圖 7-3

圖 7-4

圖 7-5

3. 砍　掌

面對樹以馬步站立，開步雙腳與肩同寬，腳尖內扣，襠圓、肩鬆、胯鬆。斜著為砍，擰腰帶動手臂由後向前畫圓，斜向以掌側砍向樹幹。左右互換，以一隻手一百下為宜。（圖 7-6、圖 7-7）

收式時，以自然站立收式。技法上攻擊對方耳腮，學名關公斬將。

圖 7-6

圖7-7

4. 單推掌

面對樹以馬步站立，開步雙腳與肩同寬，腳尖內扣，襠圓、肩鬆、胯鬆。單手向前推出，以掌根擊打。左右互換，以一隻手一百下為宜。（圖7-8、圖7-9）

收式時，以自然站立收式。此式擊打對方胸口部位。

圖7-8

圖7-9

5. 掖　掌

面對樹以馬步站立，開步雙腳與肩同寬，腳尖內扣，襠圓、肩鬆、胯鬆。掌心朝前，指尖向下，以掌根打樹。左右互換，以一手一百下為宜。（圖 7-10、圖 7-11）

收式時，以自然站立收式。此式擊打對方小腹。

圖 7-10　　　　　　　　圖 7-11

6. 雙掖掌

以虛實步面對樹，雙手以掖掌方式相併，墊步以掌根同時擊打樹。

換式時，後腳撤一小步，前腳後撤至後腳後，此時前腳以墊步方式進步，後腳跟進，變為另一側虛實步。同時，出雙掖掌擊打樹幹。左右換步擊打，以每手一百下為宜。（圖 7-12、圖 7-13）

收式時，以自然站立收式。此式利於接招變手使用。

7. 日月掌

以虛實步面對樹，虛步側手在下，指尖向下，實步側手

圖 7-12

圖 7-13

圖 7-14

圖 7-15

在上，指尖向上，兩手間一手肘距離，墊步以雙掌擊樹，後腿發力。換步方式同雙掖掌，收腳時兩手互轉。（圖 7-14、圖 7-15）

收式時，以自然站立收式。可用於拿對方手肘。

8.烏龍擺尾

面對樹以馬步站立，開步雙腳與肩同寬，腳尖內扣，襠圓、肩鬆、胯鬆。以腰轉動帶動手臂，手臂內旋，掌心向外，以手臂外側小背擊打樹幹。左右互換。（圖7-16、圖7-17）

收式時，以自然站立收式。

圖7-16 圖7-17

腿 法

1.彈 腿

腳用彈法腳腕尖，腳背直伸用足彈，腳尖彈出膝用力，還有別名叫做扦。扦彈全憑腳寸勁，彈中一點傷迎面骨。（圖7-18～圖7-20）

2.橫 攔

攔門腳法橫豎尋，左蹬右踹前後奔，人在中間腳四方，人在四周腳中央，上攔心胸肝胃肺，下攔腿膝兩足間，左右

圖 7-18　　　　　　　　　　　圖 7-19

圖 7-20

兩掖隨肋下，大小兩腸兩胯連，前後左右攔腳打，上下裏外攔腳攔。來往二招連式。（圖 7-21、圖 7-22）

3. 踢

腳面繃直屬於踢，前蹬後臀上用法，前踢奔襠撩陰腳，後臀上踢通脊樵。左右兩邊掖肋，踢字用法細尋，下踢撩陰和後臀，隨式上步來找尋，左右兩腮和雙掖，隨機應變用法來。（圖 7-23）

4. 直蹬腳

使用蹬腳法為奇，蹬法運用腳跟力，腳跟之力不一般，

圖 7-21

圖 7-22

圖 7-23

圖 7-24

足跟大筋腦脊連，周身發力骨與筋，腳跟發力這裏尋。前蹬心肝脾肺腎，後蹬肝腎回俞間，前後蹚腳蹬一點，一要身倒二要殘。（圖 7-24）

5.踹　腳

踹腳發力在於心，腳掌腳跟腳心運，徒手三踹雙華蓋，

滴落一點將台隨。左右將台中七坎，七坎隨下胃脘隨，左肝右脾已能用，背後轉身踹腎俞，雙臀雙臂用力踹，定叫彼方嘴啃泥。（圖 7-25）

6. 點　腳

腳用點法更稀奇，不用踩蹬與踹踢，胯隨膝足用趾點，腳點如同用鑽槌，不管人身上中下，不管人身高與低，前後左右隨意點，再看彼人實與虛，彼有虛實進招式，點招用法更神奇。（圖 7-26）

圖 7-25　　　　　　　　圖 7-26

7. 轉　腳

腳用轉環力相通，前後左右用法同，正面踢法當臍腹，轉環左右腳中央，攻膀胱上攔心肝腎肺胃，用法腳尖與足背，轉環足跟腳掌點，它若轉身點雙掖，隨勢兩肋兩腸連，它若化勢想逃竄，上步跟蹤臍腰間，後邊發腳奔脊樵，左右轉環奔腎俞，它若撈月我來化，轉環腳法最為宜，它若雙手來脫靴，平地翻車太陽穴取。（圖 7-27、圖 7-28）

圖 7-27

圖 7-28

8. 踩　腳

三式踩腳身亦隨，足尖裏扣踩字為，扣步轉腰身意快，翻身踩腳是此理。前踩胸腹是此臍，踩腳用法妙神奇。（圖7-29、圖 7-30）

圖 7-29

圖 7-30

砸沙袋

沙袋選沙以中沙為宜，年久可換鐵砂。

1.劈　掌

立掌為劈，以低馬步站立，沙袋以腰胯平，由下由後往上畫圓，向下劈掌。左右互換，以每手一百下為宜。（圖7-31、圖7-32）

收式時，以自然站立收式。

圖 7-31

圖 7-32

2.蓋　掌

以低馬步站立，沙袋以腰胯平，由下由後往上畫圓，向下蓋掌（掌心朝下）。左右互換，以每手一百下為宜。（圖7-33、圖7-34）

收式時，以自然站立收式。

圖 7-33　　　　　　　　　　圖 7-34

3. 反背掌

以低馬步站立，沙袋以腰胯平，由下由後往上畫圓，向下以手背擊打。左右互換，以每手一百下為宜。（圖 7-35、圖 7-36）

圖 7-35　　　　　　　　　　圖 7-36

收式時，以自然站立收式。

4.蹲　肘

以低馬步站立，沙袋以腰胯平，小臂向上直立，腰胯帶動肩肘向下，借沉墜勁以肘尖擊打沙袋。左右互換，以每手一百下為宜。（圖 7-37、圖 7-38）

收式時，以自然站立收式。

圖 7-37

圖 7-38

5.砸　肘

以低馬步站立，沙袋以腰胯平，由下由後往上畫圓，向下以小臂外側擊打沙袋。左右互換，以每手一百下為宜。（圖7-39、圖7-40）

收式時，以自然站立收式。

圖7-39　　　　　　　　　　　圖7-40

持磚轉掌

練習前述八卦掌行樁達到一定基礎後，再練習此法，相當於負重習練，雙手或托或抓住磚塊按行樁要求走轉。練習七十二勁中的托勁（托用雙手雙肩勁）（圖7-41、圖7-42）、舉勁（舉用雙肩雙腿丹田勁）（圖7-43）、撞勁（撞用雙掌丹田勁）（圖7-44）。

圖 7-41   圖 7-42

圖 7-43   圖 7-44

提罐子轉掌

練習前述八卦掌行樁達到一定基礎後，再練習此法，相

當於負重習練。提練指力、腕力、腰膝胯力。開始時以空罐子練習，日積月累隨功力提高，罐內適當增加重物。（圖7-45～圖7-48）

圖 7-45

圖 7-46

圖 7-47

圖 7-48

雙人對手練四趟手

練掌的同時可進行雙人對練。練習手眼身法步，心神意念足。

1. 雙人挑掌練習

左右手練習。（圖 7-49 ~ 圖 7-51）

圖 7-49

圖 7-50

圖 7-51

2. 雙人上下截手練習

雙人一進一退，左右換式練習。（圖 7-52～圖 7-54）

圖 7-52

圖 7-53

圖 7-54

3. 掩 手

雙人一進一退，左右換式練習。（圖 7-55 ~ 圖 7-57）

圖 7-55

圖 7-56

圖 7-57

4. 烏龍擺尾

雙人一進一退，左右換式練習。（圖 7-58 ～ 圖 7-60）

圖 7-58

圖 7-59

圖 7-60

附

錄

董海川三十六歌訣

歌訣一

> 空胸拔頂下塌腰，單胯擺膝抓地牢。
>
> 沉肩墜肘伸前掌，二目須從虎口瞧。

歌訣二

> 後肘先疊肘掩心，手在翻塌向前跟。
>
> 跟到前肘合抱力，前後兩手一團神。

歌訣三

> 腿彎腳直向前伸，形如推磨一般真。
>
> 屈膝隨胯腰扭足，眼到三面不搖身。

歌訣四

> 一式單邊不足奇，左右循環乃為宜。
>
> 左換右兮右換左，抽身倒步自合機。

歌訣五

> 步既轉兮手亦隨，後掌穿出前掌回。
>
> 去來來去無二式，要如弩箭離弦飛。

歌訣六

> 穿肘指掌貼肘行，後肩改做前肩承。
>
> 莫要距離莫猶疑，步入襠兮是準繩。

歌訣七

> 胸欲空兮氣欲沉，背緊肩垂意前伸。
>
> 氣到丹田縮穀道，直拔顛頂貫精神。

歌訣八

> 走時周身莫動搖，全憑膝下兩相交。

底盤雖講平膝胯，中盤也要下腿腰。

歌訣九

抵唇閉口舌頂齶，呼吸全憑鼻口過。

力用極處哼哈泄，混元一氣此為得。

歌訣十

掌形虎口要掙圓，中指無名縫開展。

先戳後打施腕骨，鬆膀長腰跟步躦。

歌訣十一

上步合胯倒步拼，換掌換式矮身骸。

進退退進隨機勢，只要腰腿巧安排。

歌訣十二

此掌與人大不同，進步抬前乃有功。

退步還先退後足，跨步盡外要離中。

歌訣十三

此掌與人大不同，手未動兮膀先攻。

未從前伸先後縮，吸足再吐力獨豐。

歌訣十四

此掌與人大不同，前手後手力相通。

欲使梢兮先動根，招招如是不得鬆。

歌訣十五

此掌與人大不同，未擊西兮先聲東。

指上打下誰得知，捲珠倒流更神通。

歌訣十六

天然精術怕三穿，不走外門是枉然。

他走外兮我走內，伸手而得不費難。

歌訣十七

　　掌使一面不為功，至少仍須兩面攻。

　　一橫一直三角手，使人如在我懷中。

歌訣十八

　　高欲低兮矮欲揚，斜身繞步不須忙。

　　斜翻倒翻腰著力，用到極處力要剛。

歌訣十九

　　人道掌法勝在剛，程老曾言柔內藏。

　　個中也有人知味，剛柔相濟是所長。

歌訣二十

　　剛在先兮柔後藏，柔在先兮剛後張。

　　他人之柔腰與手，我則吸腰步穩揚。

歌訣二十一

　　用到極處須轉身，脫身化影不留痕。

　　如何變換端在步，出入進退腰先伸。

歌訣二十二

　　轉掌之神頸骨傳，轉項扭項手當先。

　　變時縮頸發時伸，要如神龍首尾連。

歌訣二十三

　　打人憑手膀為根，膀在肩端不會伸。

　　故欲進時進前步，若進後步枉勞神。

歌訣二十四

　　力足發自筋與骨，骨中出硬筋須隨。

　　足跟大筋通腦脊，發招跟步力能摧。

歌訣二十五

跟到手到腰腿到，心真神真力又真。

三真四到合一處，防己有餘能制人。

歌訣二十六

力要剛兮更要柔，剛柔偏重功難收。

過剛必折真物理，優柔太盛等於休。

歌訣二十七

剛柔相濟是何言，剛柔相輔總無難。

剛柔當用乾坤手，掀天揭地海波瀾。

歌訣二十八

人剛我柔是正方，我剛人柔法亦良。

剛柔相遇腰求勝，解此糾紛步法強。

歌訣二十九

步法動時腰先提，收縮合宜顯神奇。

足欲動兮腰不動，跟蹌邁去誤時機。

歌訣三十

轉身變法步莫長，擦地而行莫要慌。

看準來路方伸手，巧女穿針穩柔剛。

歌訣三十一

人持利器我不忙，飛箭遙遙到身旁。

看他來路哼哈避，邪步不侵語頗良。

歌訣三十二

短兵相接似難防，哪怕鋒利似魚腸。

伸手來接囊中物，指山打磨妙中藏。

歌訣三十三

人眾我寡力難防，巧破千軍莫要忙。

一手不勞憑指力，犁牛猶怕反弓張。

歌訣三十四

伸手不見前掌伸，又無油松照彼身，

收縮眼皮努睛看，底盤掌使顯神奇。

歌訣三十五

冰天雪地雨濘滑，前腳橫使莫要差，

翻身切忌螺絲轉，高低謹避乃為佳。

歌訣三十六

用時最要是精神，精神煥發耳目真，

任憑他人老熟手，蟻鳴我聽虎龍吟。

程廷華二十八在字訣

前手一頂如泰山，心神安靜意在前。

前方萬物手招架，真假虛實在裏邊。

兩眼夠指虎口圓，托掐用法在裏邊。

眼瞧虎口在取物，易如反掌不費難。

五指一撐三角形，三角手法藝要通。

抓掐扣捋任意用，黏身靠打不放鬆。

小指外張氣能通，氣通能使百脈從。

百脈相從氣力順，功力日日能上升。

前臂一伸如半月，四十五度角相同。

對外動招有實力，對內看招力無窮。

後手就在肘下沉，手沉肘下護胸身。
護住胸肋進招式，進招變式不留痕。
前手一頂與眉齊，防壓防托法為宜。
他若托時沉肩肘，他若壓時挑力生。
緊背肱背抱心肺，心裏肺外保君臣。
君穩臣順心不亂，氣血充實養精神。
含胸氣順泥丸宮，任督津液往下行。
三翻九轉往下嚥，丸宮之穴津液頃。
步如蹚泥鶴步行，又如雞踏往前行。
腳足站穩跟著地，換招換式照法行。
穩如坐轎身不動，抽身換式穩如山。
步法快慢全不顯，如同太公垂魚竿。
行如水中漂浮木，走步換招身自如。
且忌上下起浮式，前後左右忌搖身。
後手抱力緊相隨，手掩心正意前追。
掩心護肋多變化，憑肘護下顯奇藝。
舌頂上齶多一精，任督二脈津液生。
津液滿口吞嚥下，此乃妙法津中精。
吞嚥之法精氣功，任督二脈順法行。
齒叩舌捲任督運，津墜氣沉奔丸宮。
吐納之法養性宮，養性養命雙呈重。
吐濁納新運內臟，性命陰陽保平衡。
清濁二字要分清，清為靜養濁為動。
清內臟遂補精髓，濁運身法筋骨硬。
三翻九轉混沌一，功力不到法不宜。

混沌三九輕開竅，萬物生剋變化濟。

頭頂百會三丹通，上神中氣下為精。

精氣神法練通順，力大祛病能長生。

提肛收腹保元氣，虛恭不放腹內藏。

緊襠合胯護睪腎，此招此式細求尋。

墜肚氣沉丹田中，前丹後命是樁功。

氣沉丹田千斤墜，動敵防敵在其中。

心空意靜氣力生，練藝最要心內空。

聚精會神意在前，招招式式不放鬆。

手心空法鷹爪力，五指彎曲用掌取。

掌貫十指為俞筋，指甲俞筋是此理。

腳心空法九宮定，轉走南北與西東。

四面八方齊走遍，腳跟抓地中央空。

掌形圓法萬物定，十指十玄鬼神驚。

氣吞墜丹吸引力，侵物搏鳥妙中藏。

眼目圓法混濁定，求遠求近眼要明。

遠求逐事雌雄變，近求逐物事外清。

背形圓法成一體，手眼身法在一起。

還有肩肘腕胯膝，頭手足身永不離。

步形圓法乾坤定，左右擺扣八方行。

走時八方隨意變，走落歸中九宮定。

程廷華轉掌式

前手一頂如泰山，兩眼隨從虎口瞧，

五指一撐三角形，小指外張氣能通。
前臂一伸如半月，後手就在肘下沉，
轉掌必須要三頂，三頂合一力能成。
前掌轉時往上頂，後掌跟著前肘行，
轉時注意要沉肩，沉肩墜肘中開展。
轉時必須舌頂齶，舌頂上齶精液多，
舌根之下有二穴，二穴精液由腦得。
精液必須入滿口，往下壓氣最適合，
精液吞下到於心，然後下沉到丹田。
轉時必須要緊背，兩背裏緊能含月，
轉時必須要提肛，以免出虛把氣放。
走圈要走箭子腿，以免他人撩陰襠，
走步要走蹚泥步，腳面繃直似難行。
走式一力要三圓，三圓合一力開展，
走穿撐翻足為根，要動招數步法分。
手為梢節膀為根，動起招數步法分，
自古手打三步打，七步不到白費心。
動手最講精氣神，三項合一功自成，
第一用神在於腦，第二用氣在於心。
第三用精在氣海，三項丹田精氣神，
練功要知這三項，不動三項枉費心。
三項功夫身得上，輕者祛病重長生。

三十六天罡手譜

童子拜佛	雙手捧香
栽香入爐	敬德托鞭
韋馱托鼎	葉下偷桃
法海托缽	夜叉探海
關公斬將	螳螂遇敵
惡虎撲食	惡虎扒心
青龍探爪	樵夫砍柴
烏龍擺尾	判官引魂
小鬼倚門	迎門上栓
老僧托缽	順水推舟
山東倒米	張飛擂鼓
霸王送客	泰山壓頂
天王托塔	雲龍獻爪
獅子夠球	黑熊出洞
惡狼扒心	老雕展翅
鍾馗抱劍	仙人指路
柳葉磨身	太公抱杆
太白醉臥	霸王卸甲

哪吒拜佛

哪吒拜佛不見招，雙手合捧下坐腰。

隨撈上步腰臂起，左右上步用法一。

先托後挑招法快，如下淨瓶穴位取。

肺俞之間含合谷，又名霸王來作揖。

雙手捧香

雙手捧香十指隨，隨勢上步雙手垂。

沉肩墜肘臂按力，招不緩勢快安急。

先掛後撞兩手按，少商神門掌沿隨。

前勢拜佛後捧香，雙乳淨瓶四穴取。

七十二地煞腿譜

八卦掌之功夫，以走轉為基礎，全身三形具備，方可謂之完整，即龍、猴、鷹也，行走如龍，回身若猴，換式似鷹。蹚泥步，剪子腿，穩如坐轎，內中包括：踢、踩、截、撩、跺、踹、蹬、彈、點、掃、拖、勾、掛、鑽、閃、抽、挫、插諸法，每腿日用其法，名曰七十二暗腿。

譜曰：

腳面繃直屬於踢，前蹚後腎用法宜。

前踢奔襠撩陰腳，後腎上揚逼脊椎。

左右兩邊雙掖肋，踢字用法細求追。

下踢撩陰和後腎，隨式上部來找尋。

左右兩肋和雙腋，隨機應變用法靈。

用腳踩法要仔細，左右兩腳用法一。

足尖朝外名為踩，截腿踩法要奔膝。

腿膝之外也能踩，左大右小膀胱宜。

左大要踩大腸位，右小要把小腸取。

大小二腸無踩上，隨式就把膀胱取。

三式踩腳身要隨，足尖裏扣踩字為。

扣步轉腰身法快，翻身踩腳是此理。

前踩胸腹臍尋找，後踩兩腎與脊椎。

左右雙肋和雙腋，下身雙胯與兩膝。

上下左右齊找到，踩腳用法妙神奇。

端腳發力在足心，腳掌腳跟腳心運。

縱身上端雙華蓋，滴落一點將台隨。

左右將台中七坎，七坎隨下胃脘隨。

右肚左脾也能用，背身轉身端腎俞。

雙腎雙臀用力端，定讓彼方嘴啃泥。

使用蹬腳法為奇，蹬法運用腳跟力。

腳跟之力不一般，足跟大筋腦脊連。

周身發力骨與筋，腳跟蹬力這裏尋。

前蹬心肝脾肺腎，後蹬肝腎四俞間。

前後若遇蹬一點，一則身倒二受殘。

彼此利刃或赤手，已不躲避講身腰。

運用踢蹬端踩彈，進步貼身用擺蓮。

人云動招三隻手，微妙就在這裏邊。

鴛鴦腿法不宜遲，前腳虛發後腳實。

前後左右招一樣，虛實之招妙中藏。

前腳未落後腳起，二起腳法是此理。

彼人前腳已躲過，我腳隨後緊相隨。

彼想躲避不容易，解此招法身法急。

一要自己隨身倒，二是提身懸中起。

倒名仙姑臥絲床，鈍鐮割穀妙中藏。

容彼進身勾掛踹，烏龍纏柱點胸膝。

身隨提起是貼碑，用此避法躲時機。

彼腳踢空我落地，臥牛伸蹄橫踹臍。

八卦掌法九宮濟，腳代掌用顯神奇。

雖然八卦乾坤步，腳隨坎離用法宜。

掌用招法乾坤定，坎離進招用腳法。

用腳發招身法濟，左右相傳動尺機。

進招避式不放鬆，用法才能顯奇功。

掃掛腳法自古傳，腳尖勾掃畫正圓。

四面八方人眾多，橫掃千軍不費難。

眾語八卦無有腿，其實此語是妄言。

八卦門中腿最廣，七十二式內中藏。

八卦掌法圓中圓，掃掛之法圈中圈。

有人學會此腿法，要想敵其難上難。

董師傳藝數十載，微妙之術用口傳。

不盛藝者不輕傳，誤傳他人受牽連。

他人只知掌中掌，不知暗腳內中藏。

彼已動手注重掌，我掌不發用腳傷。

雖說練藝不忌度，留點絕技來提防。

萬一遇上大敵手，就用此法把他傷。

古有南拳北腿說，就在篇中細探索。

八卦掌七十二勁

1. 走用腳趾吸胯勁
2. 穿用手臂肩腰勁
3. 擰用腕肘臂身勁
4. 翻用腰膝身肩勁
5. 剛用哼哈抖彈勁
6. 柔用克化變式勁
7. 閃用卸步進攻勁
8. 展用敵亂我進勁
9. 騰用敵下我上勁
10. 挪用活步進退勁
11. 搬用指掌腕臂勁
12. 扣用掌心十指兩臂勁
13. 劈用兩掌臂肩勁
14. 進用步法手足勁
15. 推用腰肩命門勁
16. 托用雙手雙肩勁
17. 帶用雙臂腰膝勁
18. 領用雙手雙足勁
19. 撞用雙掌丹田勁
20. 盼用雙目直觀勁
21. 攔用心神意念勁
22. 截用手眼身法勁
23. 縮用含胸內收勁
24. 小用指點變化勁
25. 綿用敵進我化勁
26. 軟用敵進我隨勁
27. 巧用快慢相隨勁
28. 吸用真假變化勁
29. 扭用左右化招勁
30. 抽用撒步換式勁
31. 哈用進招實發勁
32. 撒用緩招進攻勁
33. 韁用圍截暗發勁
34. 挪用彈攘明寸勁
35. 掛用關節鎖拿勁
36. 刁用裏拉外扣勁
37. 擺用雙肩進攻勁
38. 挑用指腕合谷勁
39. 擠用手背斜壓勁
40. 靠用肩胸斜衝勁
41. 押用雙肘沉肩勁
42. 剁用雙手掌沿勁
43. 紮用十指戳打勁
44. 挫用雙肘進攻勁

45. 滑用指山打磨勁　　　46. 橫用滾穿腎俞勁

47. 割用腰身矮胳勁　　　48. 打用穩準狠實勁

49. 撩用步法手心勁　　　50. 舉用雙肩雙腿丹田勁

51. 墜用小腰氣沉勁　　　52. 擺用筋骨腎肝勁

53. 沾用招術整體勁　　　54. 連用左右進退不離勁

55. 黏用隨式隨機變化勁　56. 隨用進退變化顯藝勁

57. 撥用指掌雙臂勁　　　58. 蹬用手足整掌勁

59. 撮用進式不鬆勁　　　60. 拉用雙足兩臂勁

61. 跳用丹膀命膝勁　　　62. 縱用腰命雙足勁

63. 躥用足趾腰領勁　　　64. 跌用雙腿矮身勁

65. 抱用兩肱雙臂勁　　　66. 頂用曲肘坐腰勁

67. 踢用足趾整體勁　　　68. 踩用足跟湧泉勁

69. 攢用雙腳十趾勁　　　70. 換用手眼身法步勁

71. 變用頭手足肩肘胯勁　72. 快用左右擺扣步法勁

八卦掌七十二勁止

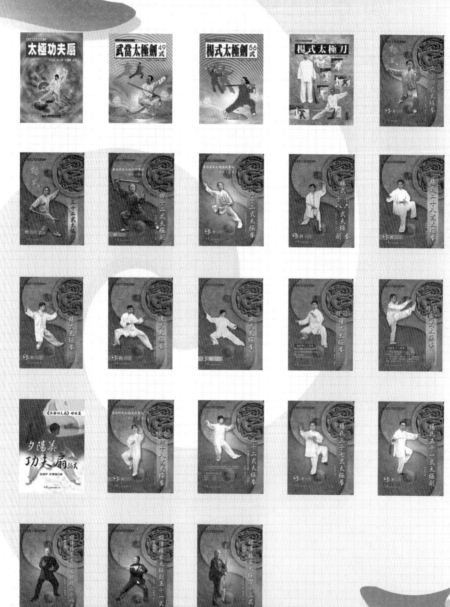

彩色圖解太極武術

歡迎至本公司購買書籍

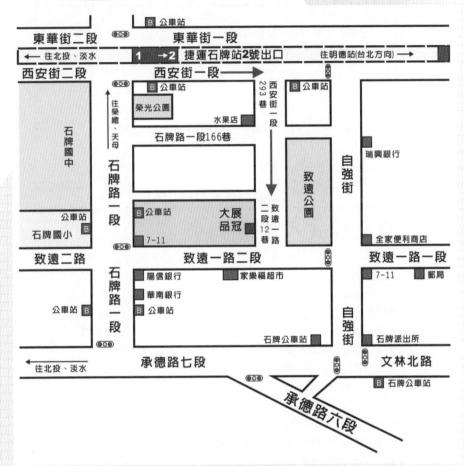

建議路線

1.搭乘捷運、公車

　　淡水線石牌站下車，由石牌捷運站2號出口出站(出站後靠右邊)，沿著捷運高架往台北方向走(往明德站方向)，其街名為西安街，約走100公尺(勿超過紅綠燈)，由西安街一段293巷進來(巷口有一公車站牌，站名為自強街口)，本公司位於致遠公園對面。搭公車者請於石牌站(石牌派出所)下車，走進自強街，遇致遠路口左轉，右手邊第一條巷子即為本社位置。

2.自行開車或騎車

　　由承德路接石牌路，看到陽信銀行右轉，此條即為致遠一路二段，在遇到自強街(紅綠燈)前的巷子(致遠公園)左轉，即可看到本公司招牌。

國家圖書館出版品預行編目資料

京東程式八卦掌／奎恩鳳　著　──初版
──臺北市，大展出版社有限公司，2022〔民111.04〕
　　面；21公分──（中華傳統武術；31）
ISBN 978-986-346-361-0（平裝；附影音光碟片）
1.CST：拳術　2.CST：中國
528.972　　　　　　　　　　　　　　111001610

京東程式八卦掌 附光碟

著　　者／奎　恩　鳳
責任編輯／苑　博　洋
發 行 人／蔡　森　明
出 版 者／大展出版社有限公司
社　　址／台北市北投區（石牌）致遠一路2段12巷1號
電　　話／（02）28236031 · 28236033 · 28233123
傳　　真／（02）28272069
郵政劃撥／01669551
網　　址／www.dah-jaan.com.tw
E-mail／service@dah-jaan.com.tw
登 記 證／局版臺業字第2171號
承 印 者／傳興印刷有限公司
裝　　訂／佳昇興業有限公司
排 版 者／弘益企業行
授 權 者／北京科學技術出版社
初版1刷／2022年（民111）4月

定　價／450元

大展好書　好書大展
品嘗好書　冠群可期